아이가 글을 다 읽었다고 말하면 어른들은 무슨 내용이었냐고 묻습니다. 물론 아이가 책에 있는 내용을 토씨 하나 틀리지 않게 말하기를 바라고 묻는 건 아닙니다. 그저 인상 깊었던 장면이나 중요하다고 생각하는 내용을 스스로 말할 수 있기를 바랍니다. 하지만 아이는 읽은 글에 대해서 잘 이야기하지 못합니다. 많은 부모님들의 고민이 여기에 있습니다. 어떻게 하면 '글자' 말고 '글'을 읽게 할 수 있을까, 어떻게 하면 글을 제대로 읽고 이해할 수 있을까.

　이를 위한 해결책으로 '요약독해'를 제안합니다. '요약'은 자신이 읽은 글을 이해하고 해석하고 새롭게 말이나 글로 표현하는 활동입니다. 요약 기술 안에는 내가 읽은 글의 정보를 구조적으로 파악하고 정리하여 나의 말과 글로 재구성함으로써 핵심을 뽑아 내는 활동이 들어 있습니다. 독해를 할 때는 이런 요약 활동을 하며 읽어야 합니다. 그래야 내가 읽은 글이 무슨 내용을 담고 있는지 핵심을 파악할 수 있습니다. 요약독해를 할 줄 알아야 새로운 글을 만나도 스스로 돌파해 나갈 수 있습니다.

　요약독해 능력을 기르면 공부도 잘할 수 있습니다. 공부는 주어진 자료나 정보에서 중요한 부분을 찾는 일에서 시작합니다. 시험에서도 그 중요한 부분에 대해 묻는 문제가 출제되지요. 결국 제대로 공부한다는 것은 스스로 핵심을 찾고 정리하여 기억하는 것을 의미하고, 스스로 핵심을 찾고 정리하는 것은 요약독해 과정과 같습니다. 그래서 요약독해는 성적과 직결될 수밖에 없습니다. 또한 학년이 올라갈수록 다양한 비문학 지문을 접하기 시작합니다. 학생들은 비문학 지문에 대한 막연한 두려움을 가지고 있는데요. 대학수학능력시험의 소위 '킬러 문항' 또한 비문학 지문이지요. 이 비문학 지문을 읽고 해석한 것 또한 요약에서 출발합니다. 텍스트에서 가장 중요한 내용을 찾는 것부터 시작하는 요약 훈련을 통해 낯선 비문학 지문도 쉽게 읽고 이해할 수 있습니다. 요약독해는 결국 모든 학습을 위한 기초입니다.

　〈요약독해의 힘〉에서는 먼저 4단계 요약 기술을 훈련합니다. 짧은 글을 대상으로 훈련하여 요약 기술을 내재화한 후, 실전 지문에 적용합니다. 이 과정을 통해 요약독해의 힘이 쌓이면 어느새 세상의 모든 글이 만만해질 것입니다.

기적학습연구소 국어팀 일동

# 학습 설계와 활용법

## 기본 요약 기술 훈련 | 4단계 요약 기술을 익히고 훈련합니다.

### 1단계 핵심어 찾기

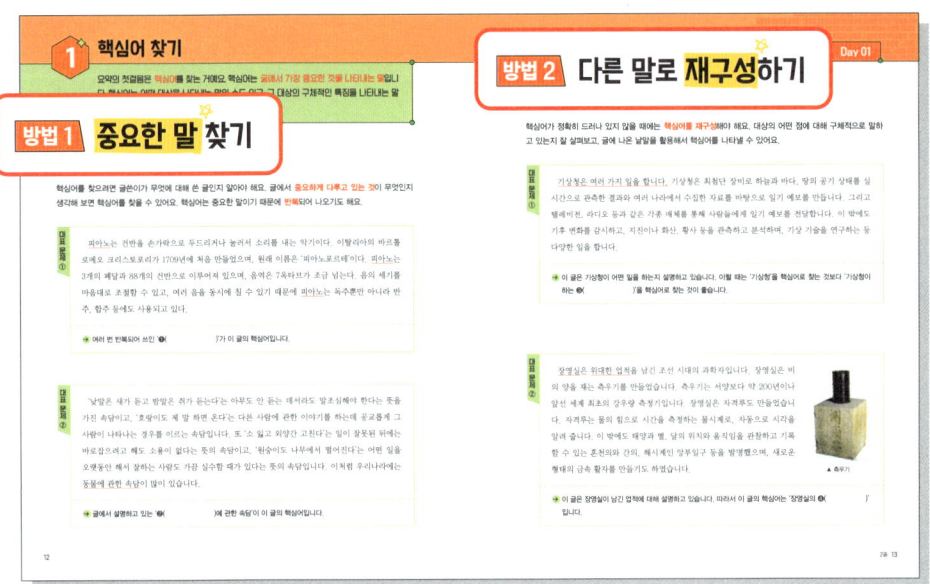

핵심어를 찾는 두 가지 방법을 배우고 대표 문제와 연습 문제를 풀면서 핵심어 찾기 기술을 익힙니다.

### 2단계 중심 문장 찾기

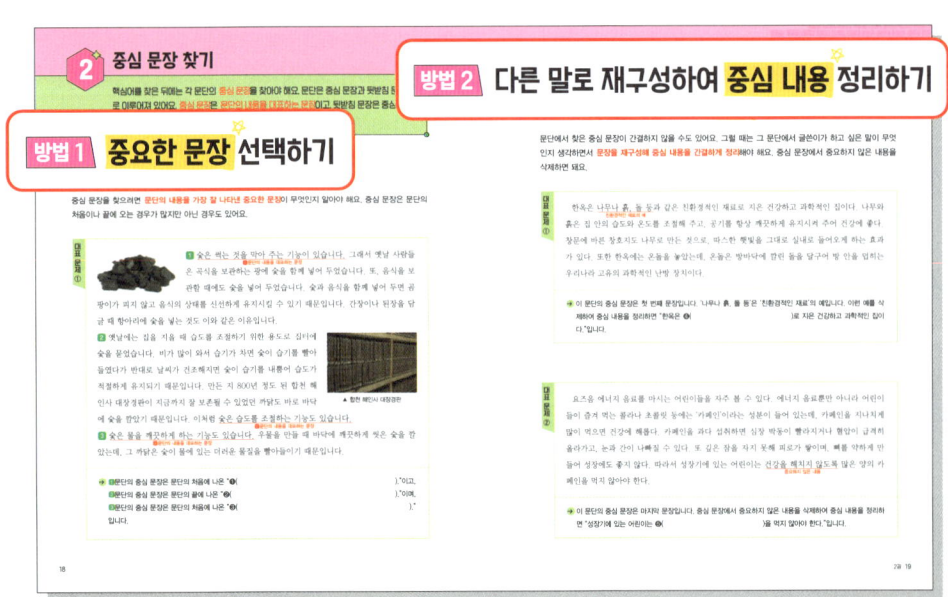

문단의 중심 문장을 찾는 방법을 배우고 대표 문제와 연습 문제를 풀면서 중심 문장을 찾는 기술을 익힙니다.

*각 권은 기본 파트와 실전 파트로 구성되어 있고 30일 만에 완성할 수 있습니다. 기본 파트는 4단계, 실전 파트는 25개의 지문으로 구성되어 있습니다. 각자의 속도에 맞춰 학습을 진행하세요.

## 3단계 글의 짜임에 맞게 정리하기 ①, ②

글의 짜임 네 가지를 배우고, 대표 문제와 연습 문제를 풀면서 각 짜임에 알맞은 틀에 글의 내용을 정리하는 연습을 합니다. 이를 통해 글의 핵심 내용을 파악하는 능력을 기를 수 있습니다.

### 방법 1. 나열 짜임

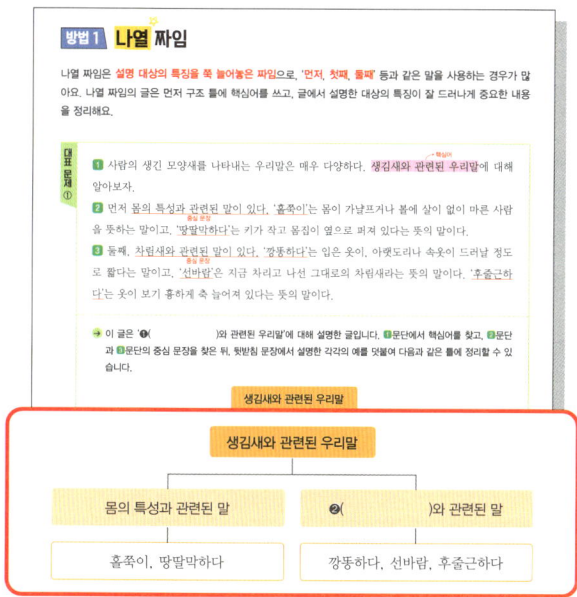

### 방법 2. 순서 짜임

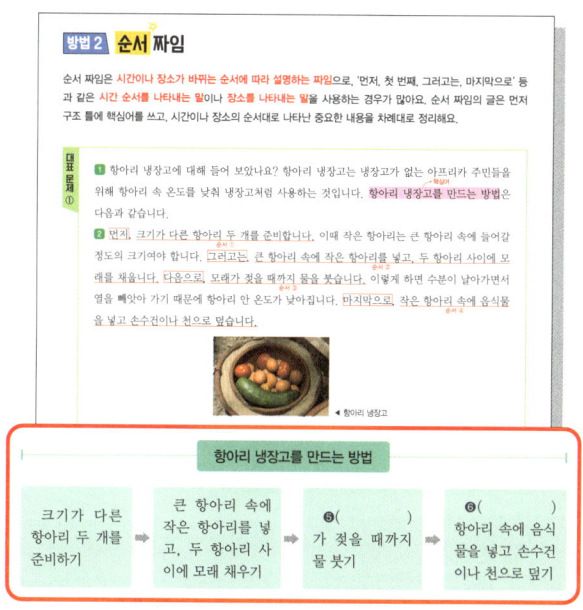

### 방법 3. 비교와 대조 짜임

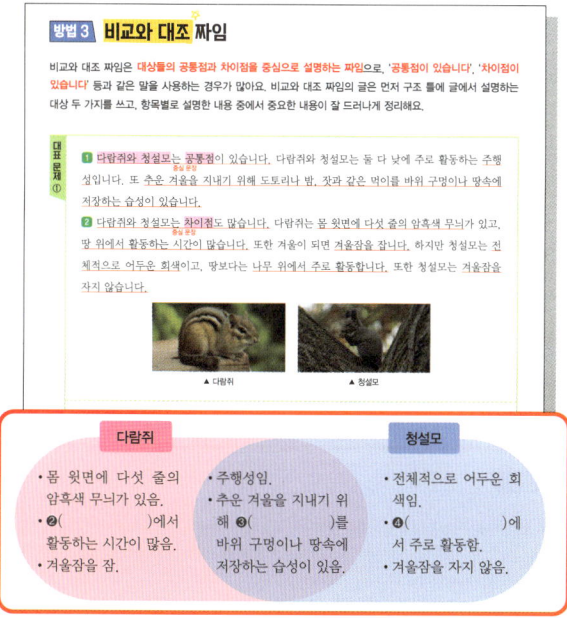

### 방법 4. 문제와 해결 짜임

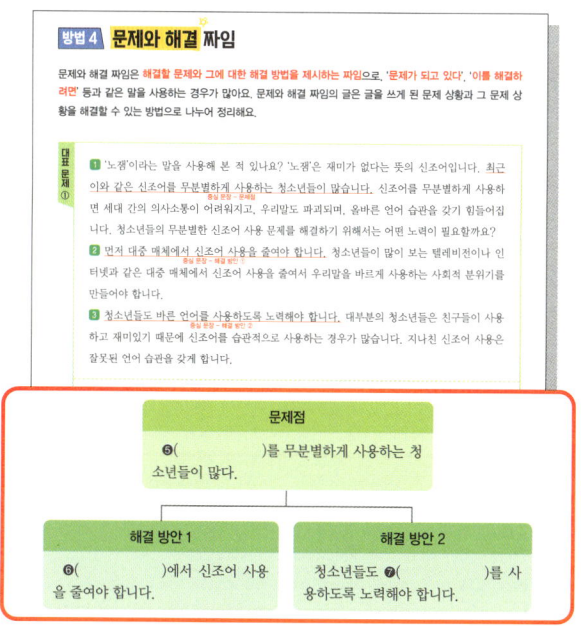

## 4단계 요약하기

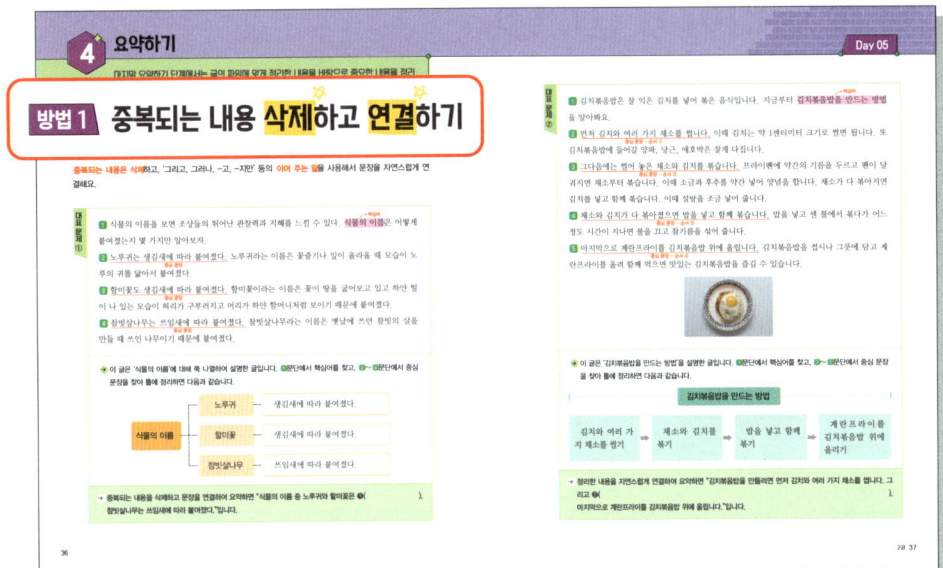

중복되는 말을 삭제하고 이어 주는 말을 사용하여 요약하는 방법을 배우고, 대표 문제를 풀어 봅니다.

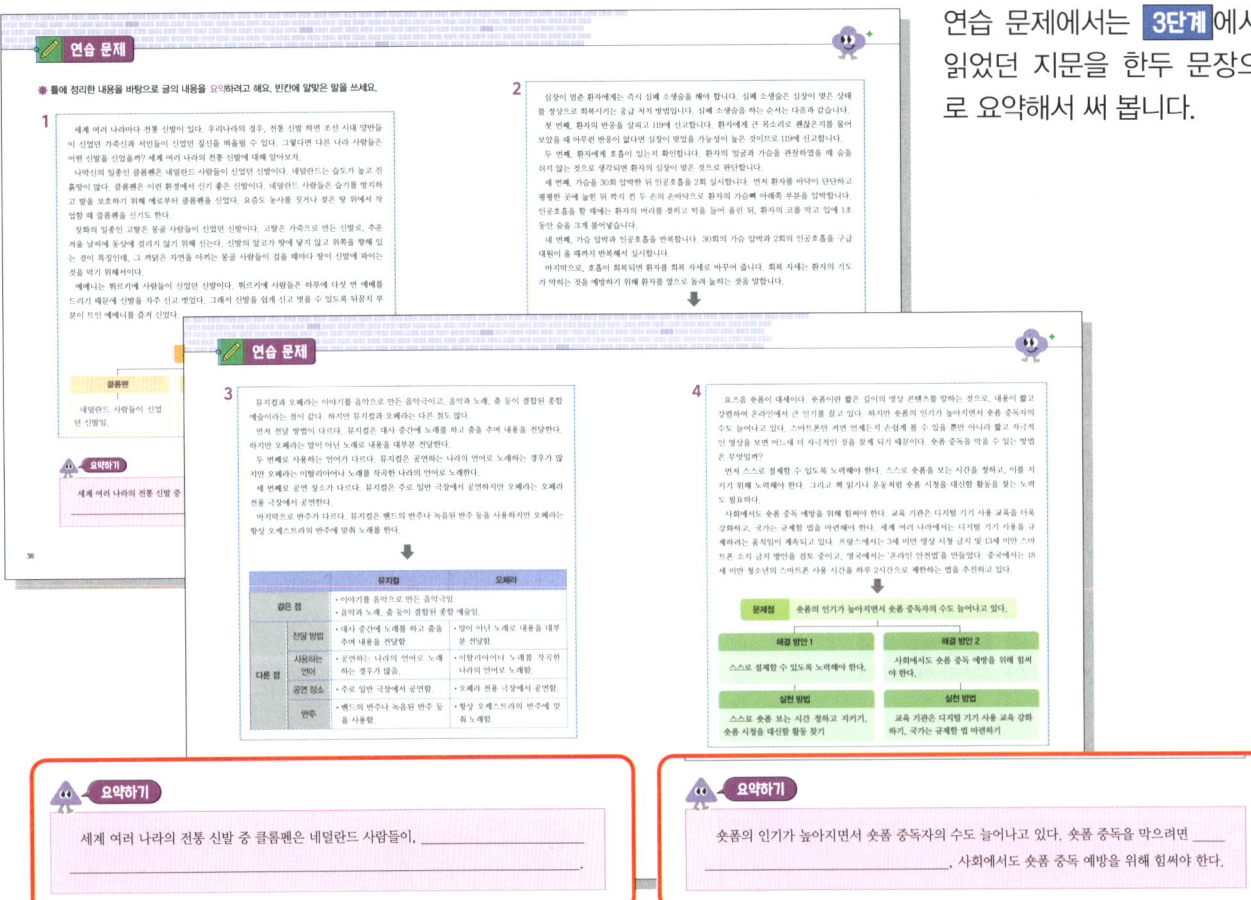

연습 문제에서는 3단계 에서 읽었던 지문을 한두 문장으로 요약해서 써 봅니다.

## 실전 요약 기술 적용
앞에서 배운 요약 4단계 기술을 긴 글에 적용해 보며 실전 독해에 대비합니다.

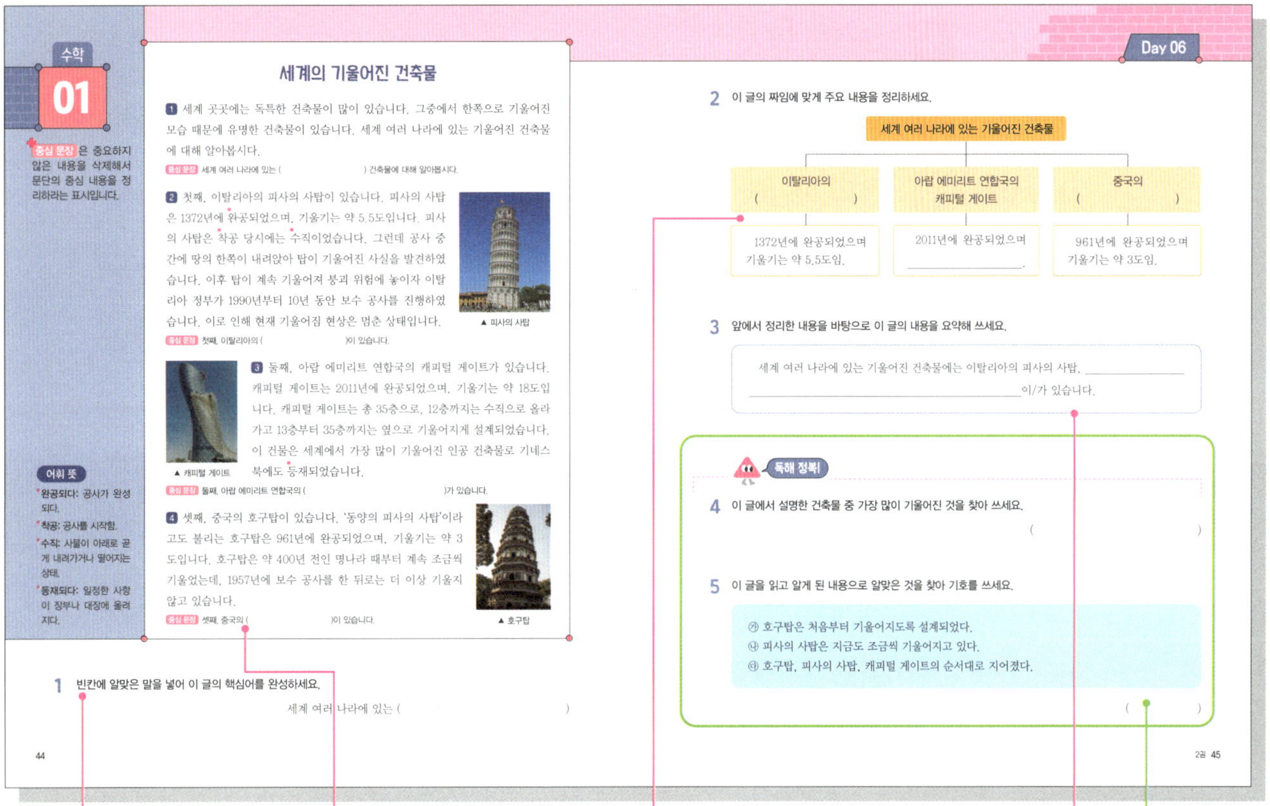

**1단계** 핵심어 찾기

**2단계** 중심 문장 찾기

중심 문장 은 문단 안에서 중심 문장을 그대로 찾아 쓰면 됩니다.

중심 문장 은 중심 문장을 스스로 재구성하여 정리합니다.
중심 문장을 찾는 두 가지 경우를 구분하여 연습할 수 있게 하였습니다.

**3단계** 글의 짜임에 맞게 정리하기

**4단계** 요약하기

### 독해 정복!
4단계에 거쳐 요약을 마친 후 실전 독해 문제를 풀어 봅니다. 글의 내용을 요약하며 읽으면 독해 문제를 쉽게 풀 수 있습니다.

# 이 책의 차례

## 기본 | 요약 기술 훈련

| Day 01 | 1 | 핵심어 찾기 | 12쪽 |
| Day 02 | 2 | 중심 문장 찾기 | 18쪽 |
| Day 03 | 3 | 글의 짜임에 맞게 정리하기 ① | 24쪽 |
| Day 04 |   | 글의 짜임에 맞게 정리하기 ② | 30쪽 |
| Day 05 | 4 | 요약하기 | 36쪽 |

## 실전 | 요약 기술 적용

| Day 06 | 01 | 세계의 기울어진 건축물 | 수학 | 44쪽 |
| Day 07 | 02 | 한해살이 식물과 여러해살이 식물 | 과학 | 46쪽 |
| Day 08 | 03 | 기원전부터 사용한 엘리베이터 | | 48쪽 |
| Day 09 | 04 | 도시의 교통 문제 | 사회 | 50쪽 |
| Day 10 | 05 | 식당에서 일회용 물티슈를 사용하지 말자 | | 52쪽 |
| Day 11 | 06 | 조선 시대의 공공 기관 | 사회 | 54쪽 |
| Day 12 | 07 | 같은 듯 다른 비올라와 바이올린 | 음악 | 56쪽 |
| Day 13 | 08 | 고래를 보호하는 일은 지구를 지키는 일 | | 58쪽 |
| Day 14 | 09 | 저출산, 심각한 사회 문제 | 사회 | 60쪽 |
| Day 15 | 10 | 국악기의 종류 | | 62쪽 |

| | | | | |
|---|---|---|---|---|
| Day 16 | 11 | 사이버 폭력, 어떻게 해결할까? | 사회 | 64쪽 |
| Day 17 | 12 | 저울은 어떻게 발전하여 왔을까요? | 과학 | 66쪽 |
| Day 18 | 13 | 판에 찍어 낸 그림, 판화 | | 68쪽 |
| Day 19 | 14 | 무서운 자연재해, 토네이도와 태풍 | | 70쪽 |
| Day 20 | 15 | 여행자와 현지인 모두가 행복한 공정 여행 | | 72쪽 |
| Day 21 | 16 | 증발과 끓음 | 과학 | 74쪽 |
| Day 22 | 17 | 우리나라 화폐 속 인물들 | 사회 | 76쪽 |
| Day 23 | 18 | 건강과 생태계를 위협하는 환경 호르몬 | | 78쪽 |
| Day 24 | 19 | 화석은 어떻게 만들어지고 발견될까? | 과학 | 80쪽 |
| Day 25 | 20 | 사람에게 이로운 백색 소음 | | 82쪽 |
| Day 26 | 21 | 청소년 화장, 이대로 좋은가? | | 84쪽 |
| Day 27 | 22 | 식물의 특징을 활용해요 | 과학 | 86쪽 |
| Day 28 | 23 | 문화유산 훼손, 막을 방법은? | 사회 | 88쪽 |
| Day 29 | 24 | 몸에 이로운 발효, 몸에 해로운 부패 | | 90쪽 |
| Day 30 | 25 | 두부를 만드는 방법 | 과학 | 92쪽 |

정답 및 해설  95쪽

## 요약 전, 알고 있어야 할 것들

 '글'은 무엇으로 이루어져 있나요?

문장이 모여 문단을 이루고 문단이 모여 글을 이루어요. 문단은 문장이 여러 개 모여 한 가지 생각을 나타내는 것이에요. 문단은 줄이 바뀌는 부분을 찾으면 쉽게 구분할 수 있어요. 다음 글을 살펴봐요.

**글**

**1** 씨름은 우리나라에서 오래전부터 해 온 민속놀이이자 운동 경기입니다. (문장1) 씨름은 두 사람이 상대방의 샅바를 잡고 힘과 기술을 겨루어 상대를 넘어뜨리는 것으로 승부를 겨룹니다. (문장2) 두 명 중 먼저 넘어지거나 손이나 무릎이 먼저 땅에 닿은 사람이 지게 됩니다. (문장3)

**2** 씨름은 예절을 중요하게 여기는 운동 경기로 상대방을 향한 인사로 경기를 시작합니다. 그리고 마주 앉아 왼손으로 다리샅바를 잡고, 오른손으로 허리샅바를 잡은 후 일어서서 준비 자세를 취합니다. 심판의 호각 소리와 함께 경기가 시작되면 선수는 손 기술, 다리 기술, 허리 기술, 혼합 기술 등의 다양한 기술을 사용하여 상대를 넘어뜨립니다. 경기 후 서로 인사하며 마무리합니다.

**3** 우리 조상들은 씨름을 주로 단오와 추석에 즐겨 하였습니다. 씨름판에서 맨 마지막으로 이기는 사람에게 황소 한 마리를 상으로 주기도 했습니다.

이 글은 **3개의 문단**으로 이루어져 있어.
**1** 문단은 3개의 문장으로 이루어져 있고,
**2** 문단은 4개의 문장으로 이루어져 있어.
**3** 문단은 2개의 문장으로 이루어져 있어.

##  '글'은 어떤 구조로 이루어져 있나요?

글의 구조는 글의 종류에 따라 달라요. 설명하는 글은 '처음-가운데-끝'으로 이루어져 있고, 주장하는 글은 '서론-본론-결론'으로 이루어져 있어요. 글의 구조를 파악하고 글을 읽으면 요약독해가 더 쉽답니다. 글의 각 부분에는 다음과 같은 내용이 들어가요.

### 설명하는 글

1 뼈는 사람의 골격을 이루는 가장 단단한 조직 중의 하나로, 사람의 몸을 만드는 데 중심이 됩니다. 뼈는 다음과 같은 중요한 일을 합니다. — **처음** 설명 대상을 밝힘.

2 첫째, 뼈는 체형의 틀을 이루고 뼈 주위에 있는 기관이나 조직들이 뼈에 의지하도록 버티는 역할을 합니다.

3 둘째, 뼈는 몸속의 기관들을 보호합니다. 둥근 모양의 머리뼈는 뇌를 보호해 주고, 갈비뼈는 심장과 간, 폐 등을 보호해 줍니다. — **가운데** 문단을 나누어 주제에 맞게 설명함.

4 셋째, 뼈는 몸을 움직일 수 있게 해 줍니다. 좌우로 움직일 수 있는 목뼈, 빙글빙글 돌릴 수 있는 팔뼈, 구부릴 수 있는 등뼈 등이 우리 몸을 움직일 수 있게 합니다.

5 이처럼 뼈는 우리 몸속에서 다양한 일을 하고 있습니다. — **끝** 설명한 내용을 요약하고 마무리함.

### 주장하는 글

1 전 세계에서 시행되고 있는 동물 실험으로 매년 약 6억 마리의 동물들이 희생됩니다. 인간을 위한 목적으로 동물 실험을 하지만, 동물 실험은 중단되어야 합니다. 동물 실험을 중단해야 하는 까닭은 다음과 같습니다. — **서론** 문제 상황과 주장을 밝힘.

2 첫째, 동물 실험은 동물을 학대하는 것입니다. 인간의 생명만 소중한 것이 아니라 동물의 생명도 소중합니다.

3 둘째, 인간과 동물은 다르기 때문에 동물 실험의 결과를 인간에게 그대로 적용할 수 없는 경우가 많습니다. — **본론** 주장에 대한 근거를 제시함.

4 모든 생명은 소중합니다. 더 이상 동물 실험으로 불쌍한 동물들이 희생되지 않도록 해야 합니다. — **결론** 주장을 요약하고 강조함.

## 기본
# 요약 기술 훈련

'요약독해' 출발점에 선 친구들을 환영합니다. 기본 파트에서는 요약 기술 훈련을 합니다. 요약을 할 때는 가장 먼저 핵심어를 찾고, 중심 문장을 찾습니다. 그다음은 글의 구조를 파악하고 짜임에 맞게 틀 안에 정리를 합니다. 글을 시각적으로 구조화시키며 읽으면 핵심을 파악하는 능력이 길러집니다. 마지막 단계에서는 앞에서 정리한 내용을 바탕으로 스스로 요약을 합니다. 4단계의 요약 기술 훈련을 무사히 마친다면, 독해 자신감이 장착될 거예요. 이제 함께 출발해 봅시다.

### 학습 계획표

| 학습 내용 | 날짜 | 확인 |
|---|---|---|
| 1 핵심어 찾기 | Day 01 / | |
| 2 중심 문장 찾기 | Day 02 / | |
| 3 글의 짜임에 맞게 정리하기 ①, ② | Day 03 / | |
| | Day 04 / | |
| 4 요약하기 | Day 05 / | |

# 1 핵심어 찾기

요약의 첫걸음은 **핵심어**를 찾는 거예요. 핵심어는 **글에서 가장 중요한 것을 나타내는 말**입니다. 핵심어는 어떤 대상을 나타내는 말일 수도 있고, 그 대상의 구체적인 특징을 나타내는 말일 수도 있어요.

## 방법 1 중요한 말 찾기

핵심어를 찾으려면 글쓴이가 무엇에 대해 쓴 글인지 알아야 해요. 글에서 **중요하게 다루고 있는 것**이 무엇인지 생각해 보면 핵심어를 찾을 수 있어요. 핵심어는 중요한 말이기 때문에 **반복**되어 나오기도 해요.

**대표 문제 ①**

피아노는 건반을 손가락으로 두드리거나 눌러서 소리를 내는 악기이다. 이탈리아의 바르톨로메오 크리스토포리가 1709년에 처음 만들었으며, 원래 이름은 '피아노포르테'이다. 피아노는 3개의 페달과 88개의 건반으로 이루어져 있으며, 음역은 7옥타브가 조금 넘는다. 음의 세기를 마음대로 조절할 수 있고, 여러 음을 동시에 칠 수 있기 때문에 피아노는 독주뿐만 아니라 반주, 합주 등에도 사용되고 있다.

→ 여러 번 반복되어 쓰인 '❶(　　　　)'가 이 글의 핵심어입니다.

**대표 문제 ②**

'낮말은 새가 듣고 밤말은 쥐가 듣는다'는 아무도 안 듣는 데서라도 말조심해야 한다는 뜻을 가진 속담이고, '호랑이도 제 말 하면 온다'는 다른 사람에 관한 이야기를 하는데 공교롭게 그 사람이 나타나는 경우를 이르는 속담입니다. 또 '소 잃고 외양간 고친다'는 일이 잘못된 뒤에는 바로잡으려고 해도 소용이 없다는 뜻의 속담이고, '원숭이도 나무에서 떨어진다'는 어떤 일을 오랫동안 해서 잘하는 사람도 가끔 실수할 때가 있다는 뜻의 속담입니다. 이처럼 우리나라에는 동물에 관한 속담이 많이 있습니다.

→ 글에서 설명하고 있는 '❷(　　　　)에 관한 속담'이 이 글의 핵심어입니다.

# 방법 2 다른 말로 재구성하기

핵심어가 정확히 드러나 있지 않을 때에는 **핵심어를 재구성**해야 해요. 대상의 어떤 점에 대해 구체적으로 말하고 있는지 잘 살펴보고, 글에 나온 낱말을 활용해서 핵심어를 나타낼 수 있어요.

### 대표 문제 ①

기상청은 여러 가지 일을 합니다. 기상청은 최첨단 장비로 하늘과 바다, 땅의 공기 상태를 실시간으로 관측한 결과와 여러 나라에서 수집한 자료를 바탕으로 일기 예보를 만듭니다. 그리고 텔레비전, 라디오 등과 같은 각종 매체를 통해 사람들에게 일기 예보를 전달합니다. 이 밖에도 기후 변화를 감시하고, 지진이나 화산, 황사 등을 관측하고 분석하며, 기상 기술을 연구하는 등 다양한 일을 합니다.

→ 이 글은 기상청이 어떤 일을 하는지 설명하고 있습니다. 이럴 때는 '기상청'을 핵심어로 찾는 것보다 '기상청이 하는 ❸(            )'을 핵심어로 찾는 것이 좋습니다.

### 대표 문제 ②

장영실은 위대한 업적을 남긴 조선 시대의 과학자입니다. 장영실은 비의 양을 재는 측우기를 만들었습니다. 측우기는 서양보다 약 200년이나 앞선 세계 최초의 강우량 측정기입니다. 장영실은 자격루도 만들었습니다. 자격루는 물의 힘으로 시간을 측정하는 물시계로, 자동으로 시각을 알려 줍니다. 이 밖에도 태양과 별, 달의 위치와 움직임을 관찰하고 기록할 수 있는 혼천의와 간의, 해시계인 앙부일구 등을 발명했으며, 새로운 형태의 금속 활자를 만들기도 하였습니다.

▲ 측우기

→ 이 글은 장영실이 남긴 업적에 대해 설명하고 있습니다. 따라서 이 글의 핵심어는 '장영실의 ❹(            )'입니다.

## 연습 문제

**1** 다음 글의 핵심어를 찾아 ○표 하세요.

1
　소나무는 우리나라를 대표하는 나무로, 계절에 관계없이 잎이 항상 푸르다. 소나무는 바늘처럼 생긴 잎이 두 개씩 뭉쳐서 나는 것이 특징이다. 소나무는 우리나라뿐만 아니라 일본, 중국, 러시아 등에서도 자라며 쓰임새도 무척 다양하다.

① 나무　　　　② 소나무　　　　③ 우리나라

2
　떡은 곡식 가루를 찌거나 삶아서 익힌 것을 빚어서 만든 음식으로, 쌀을 주식으로 하는 아시아 지역에서 발달하였다. 떡은 종류가 다양한데, 만드는 방법에 따라 찌는 떡, 치는 떡, 지지는 떡, 삶는 떡의 네 가지로 나눌 수 있다.

① 떡　　　　② 곡식　　　　③ 음식

3
　세계 3대 폭포는 이구아수 폭포, 나이아가라 폭포, 빅토리아 폭포이다. 브라질과 아르헨티나 국경에 위치한 이구아수 폭포는 폭이 약 4킬로미터에 이르는, 세계에서 가장 큰 폭포이다. 미국과 캐나다의 국경에 위치한 나이아가라 폭포의 폭은 약 790미터이고, 잠비아와 짐바브웨의 국경에 위치한 빅토리아 폭포의 폭은 약 1,500미터이다.

① 이구아수 폭포　　　　② 세계 3대 폭포　　　　③ 세계에서 가장 큰 폭포

4
　도마는 체조 경기 종목 중 하나로, 역사가 무척 오래되었다. 도마는 고대 로마 시대 때 병사들에게 말을 타는 법을 가르치기 위해 목마에 뛰어오르고 내리는 훈련을 하던 것에서 비롯되었다. 그러다가 스포츠 경기로 자리 잡아 1896년 제1회 아테네 올림픽 때 정식 종목으로 채택되어 지금까지 이어지고 있다.

① 도마의 역사　　　　② 도마의 규칙　　　　③ 체조 경기 종목

## 2 다음 글의 핵심어를 찾아 쓰세요.

**1**

　산양은 솟과에 속하는 포유류로, 산악 지대에 산다. 몸길이는 130센티미터, 꼬리 길이는 15센티미터, 뿔 길이는 13센티미터 정도이며, 몸은 목 부분을 제외하고 대부분 회갈색의 털로 덮여 있다. 산양은 전 세계적으로 4종이 있는데, 4종 모두 멸종 위기에 놓여 있다. 우리나라에서도 산양을 천연기념물로 지정하여 보호하고 있다.

(　　　　　　　　　　)

**2**

　사람들의 생활 모습을 그린 그림을 '풍속화'라고 한다. 조선 시대에 그려진 풍속화에는 그 시대 사람들의 생활 모습이 생생하게 담겨 있는 것이 특징이다. 풍속화를 그린 대표적인 화가에는 김홍도와 신윤복이 있다.

(　　　　　　　　　　)

**3**

　대통령이나 국회 의원을 뽑을 때, 학교에서 회장을 뽑을 때에는 다수결의 원칙을 따른다. 다수결의 원칙은 많은 사람의 의견에 따라 결정하는 것을 말한다. 다수결의 원칙은 쉽고 빠르게 문제를 해결할 수 있다는 장점이 있지만, 모든 사람의 의견을 받아들이지 못한다는 단점도 있다.

(　　　　　　　　　　)

**4**

　도로명 주소를 붙이는 원리는 다음과 같다. 먼저 도로의 폭과 길이에 따라 '대로, 로, 길'로 구분한 뒤 도로에 이름을 붙인다. 그리고 도로가 시작하는 곳부터 끝나는 곳까지 차례대로 주택과 건물에 고유 번호를 붙인다. 이때 도로의 왼쪽에 있는 건물에는 홀수 번호를, 오른쪽에 있는 건물에는 짝수 번호를 붙인다.

(　　　　　　　　　　)

## 연습 문제

**3** 다음 글의 핵심어를 찾아 ○표 하세요.

**1**

나라마다 언어가 다른 것처럼 인사법 또한 다르다. 우리나라는 허리를 숙여 인사하거나 바닥에 엎드려 절을 하지만, 티베트에서는 혀를 조금 내밀어 보이는 행동을 하며 인사를 한다. 프랑스에서는 상대방의 뺨에 가볍게 입을 맞추고, 케냐의 마사이족은 반가움의 표시로 침을 뱉는다.

▲ 혀를 내밀고 인사하는 티베트인

① 우리나라의 인사법　　② 나라마다 다른 언어　　③ 나라마다 다른 인사법

**2**

깊은 바다에 사는 어류인 심해어류 중에는 부레가 없는 것이 많다. 또 몸에 비해 큰 눈을 가졌거나 눈이 아예 없는 물고기가 있는 반면에, 눈에서 빛을 내는 물고기도 있다. 이 밖에도 입이 매우 크고 날카로운 이빨을 가진 물고기, 머리가 투명해 안이 훤히 보이는 물고기도 있다. 이와 같이 심해어류는 모양이 무척 특이한 것이 많다.

① 심해의 특이한 성질　　② 최근 발견된 심해어류　　③ 심해어류의 특이한 모양

**3**

식초는 음식에 새콤한 맛을 낼 때 사용하는 조미료이다. 그런데 식초는 음식의 맛을 낼 때뿐만 아니라 그 쓰임새가 무척 다양하다. 먼저 과일이나 채소를 씻을 때 식초를 사용할 수 있다. 식초에 살균 기능이 있기 때문에 식초를 탄 물에 과일이나 채소를 담가 놓으면 농약이나 세균이 제거된다. 또 빨래에서 나는 냄새를 제거할 때 식초를 사용할 수 있다. 빨래를 헹굴 때 식초를 넣으면 빨래에서 나는 쉰내가 제거된다. 이 밖에도 냄새 나는 그릇을 닦을 때, 시든 꽃을 되살릴 때 등 다양한 경우에 식초를 쓸 수 있다.

① 식초의 맛　　② 식초의 종류　　③ 식초의 쓰임새

**4** 다음 빈칸에 알맞은 말을 넣어 **핵심어**를 완성하세요.

1

　덧셈과 뺄셈, 곱셈, 나눗셈을 이용하는 셈을 '사칙 연산'이라고 한다. 사칙 연산 기호인 '+, −, ×, ÷'는 어떻게 생겨났는지 그 유래에 대해 알아보자. 덧셈 기호(+)와 뺄셈 기호(−)는 1489년에 독일의 수학자 비트만이 글자를 빨리 쓰다가 생겨났다. 곱셈 기호(×)는 1631년에 영국의 수학자 오트레드가 십자가를 기울인 모양을 곱셈 기호로 쓴 것에서 유래했고, 나눗셈 기호(÷)는 1659년에 스위스의 수학자 란이 수학 기호인 분수 모양을 보고 만들었다.

사칙 연산 기호의 (　　　　　)

2

　사람처럼 동물에게도 지문이 있다는 사실을 알고 있나요? 지문은 손가락 끝부분 피부에 있는 \*땀샘이 자라면서 생기는 무늬입니다. 사람과 같은 \*영장류에 속하는 원숭이, 침팬지, 오랑우탄이나 코알라처럼 손가락 끝에 땀샘이 있는 동물들은 지문이 있으며, 모양도 각기 다릅니다. 그중에서 코알라의 지문은 사람과 매우 유사합니다.

\***땀샘**: 땀을 만들어 몸 밖으로 내보내는 기능을 하는 기관.
\***영장류**: 인간이나 원숭이처럼 가장 진화한 동물에 속하는 무리.

(　　　　　)이/가 있는 동물들

3

　토마토는 비타민 시(C)가 많아 피로 회복에 좋고, 면역력을 기르는 데에도 도움이 된다. 그리고 열량은 낮지만 먹었을 때 \*포만감이 들어 다이어트에도 좋다. 또 토마토에는 붉은색을 내는 '라이코펜'이라는 성분과 칼륨이 들어 있는데, 라이코펜은 암을 예방해 주고, 칼륨은 고혈압을 예방해 준다. 이 밖에도 토마토는 노화와 치매 및 각종 성인병 예방에도 효과적이다. 이처럼 토마토는 여러 가지 효능이 있는 채소이다.

\***포만감**: 많이 먹어 배가 가득 차 있는 느낌.

토마토의 (　　　　　)

# 2 중심 문장 찾기

핵심어를 찾은 뒤에는 각 문단의 **중심 문장**을 찾아야 해요. 문단은 중심 문장과 뒷받침 문장으로 이루어져 있어요. **중심 문장**은 **문단의 내용을 대표하는 문장**이고, 뒷받침 문장은 중심 문장을 덧붙여 설명하거나 예를 드는 방법으로 도와주는 문장이에요.

## 방법 1  선택하기

중심 문장을 찾으려면 **문단의 내용을 가장 잘 나타낸 중요한 문장**이 무엇인지 알아야 해요. 중심 문장은 문단의 처음이나 끝에 오는 경우가 많지만 아닌 경우도 있어요.

**대표문제 ①**

① 숯은 썩는 것을 막아 주는 기능이 있습니다. 그래서 옛날 사람들은 곡식을 보관하는 광에 숯을 함께 넣어 두었습니다. 또, 음식을 보관할 때에도 숯을 넣어 두었습니다. 숯과 음식을 함께 넣어 두면 곰팡이가 피지 않고 음식의 상태를 신선하게 유지시킬 수 있기 때문입니다. 간장이나 된장을 담글 때 항아리에 숯을 넣는 것도 이와 같은 이유입니다.

② 옛날에는 집을 지을 때 습도를 조절하기 위한 용도로 집터에 숯을 묻었습니다. 비가 많이 와서 습기가 차면 숯이 습기를 빨아들였다가 반대로 날씨가 건조해지면 숯이 습기를 내뿜어 습도가 적절하게 유지되기 때문입니다. 만든 지 800년 정도 된 합천 해인사 대장경판이 지금까지 잘 보존될 수 있었던 까닭도 바로 바닥에 숯을 깔았기 때문입니다. 이처럼 숯은 습도를 조절하는 기능도 있습니다.

▲ 합천 해인사 대장경판

③ 숯은 물을 깨끗하게 하는 기능도 있습니다. 우물을 만들 때 바닥에 깨끗하게 씻은 숯을 깔았는데, 그 까닭은 숯이 물에 있는 더러운 물질을 빨아들이기 때문입니다.

→ ①문단의 중심 문장은 문단의 처음에 나온 "❶(　　　　　　　　　　　)."이고,
②문단의 중심 문장은 문단의 끝에 나온 "❷(　　　　　　　　　　　)."이며,
③문단의 중심 문장은 문단의 처음에 나온 "❸(　　　　　　　　　　　)."입니다.

# 방법 2 다른 말로 재구성하여 중심 내용 정리하기

문단에서 찾은 중심 문장이 간결하지 않을 수도 있어요. 그럴 때는 그 문단에서 글쓴이가 하고 싶은 말이 무엇인지 생각하면서 **문장을 재구성해 중심 내용을 간결하게 정리**해야 해요. 중심 문장에서 중요하지 않은 내용을 삭제하면 돼요.

**대표 문제 ①**

한옥은 <u>나무나 흙, 돌 등</u>과 같은 친환경적인 재료로 지은 건강하고 과학적인 집이다. 나무와 흙은 집 안의 습도와 온도를 조절해 주고, 공기를 항상 깨끗하게 유지시켜 주어 건강에 좋다. 창문에 바른 창호지도 나무로 만든 것으로, 따스한 햇빛을 그대로 실내로 들어오게 하는 효과가 있다. 또한 한옥에는 온돌을 놓았는데, 온돌은 방바닥에 깔린 돌을 달구어 방 안을 덥히는 우리나라 고유의 과학적인 난방 장치이다.

<sub>친환경적인 재료의 예</sub>

→ 이 문단의 중심 문장은 첫 번째 문장입니다. '나무나 흙, 돌 등'은 '친환경적인 재료'의 예입니다. 이런 예를 삭제하여 중심 내용을 정리하면 "한옥은 ❹(　　　　　　　　)로 지은 건강하고 과학적인 집이다."입니다.

**대표 문제 ②**

요즈음 에너지 음료를 마시는 어린이들을 자주 볼 수 있다. 에너지 음료뿐만 아니라 어린이들이 즐겨 먹는 콜라나 초콜릿 등에는 '카페인'이라는 성분이 들어 있는데, 카페인을 지나치게 많이 먹으면 건강에 해롭다. 카페인을 과다 섭취하면 심장 박동이 빨라지거나 혈압이 급격히 올라가고, 눈과 간이 나빠질 수 있다. 또 깊은 잠을 자지 못해 피로가 쌓이며, 뼈를 약하게 만들어 성장에도 좋지 않다. 따라서 성장기에 있는 어린이는 <u>건강을 해치지 않도록</u> 많은 양의 카페인을 먹지 않아야 한다.

<sub>중요하지 않은 내용</sub>

→ 이 문단의 중심 문장은 마지막 문장입니다. 중심 문장에서 중요하지 않은 내용을 삭제하여 중심 내용을 정리하면 "성장기에 있는 어린이는 ❺(　　　　　　　　)을 먹지 않아야 한다."입니다.

# 연습 문제

**1** 다음 ㉠과 ㉡ 중 문단의 중심 문장을 찾아 기호를 쓰세요.

**1**
　㉠닭은 사람들에게 고기와 달걀을 줍니다. 개나 고양이 같은 반려동물은 사람들의 정신 건강에 도움을 줍니다. 신약 개발에 이용되는 쥐나 원숭이 같은 동물은 의학이나 과학 발전에 도움을 줍니다. 이처럼 ㉡동물은 사람에게 여러 가지 이로움을 줍니다.

(　　　　)

**2**
　㉠표준어를 사용하면 좋은 점이 있다. 첫째, 말하는 사람이나 지역에 관계없이 의사소통이 잘 이루어진다. 지역마다 말이 달라 서로 말이 통하지 않으면 혼란이 생길 수 있는데, 표준어를 사용하면 어느 지역 사람이나 알아들을 수 있다. 둘째, ㉡지식이나 정보를 모든 사람이 이해하기 쉽게 전달할 수 있다. 이러한 점 때문에 신문이나 방송에서 소식이나 정보를 전할 때 표준어를 사용한다.

(　　　　)

**3**
　㉠단풍이 드는 것은 온도와 관계가 있다. 나뭇잎에 들어 있는 색소 중에서 엽록소는 나뭇잎을 초록색으로 보이게 한다. 그런데 기온이 낮아지면 엽록소가 만들어지지 않고, 있던 엽록소도 파괴되면서 다른 색소들이 나타나 나뭇잎이 노란색, 붉은색 등으로 변한다. ㉡산 아래보다 온도가 낮은 산꼭대기부터 단풍이 드는 까닭도 이 때문이다.

(　　　　)

**4**
　㉠거리를 걷다 보면 외국어를 사용한 간판을 쉽게 볼 수 있다. ○○시에서 외국어 간판을 한글 간판으로 바꿀 때 드는 비용을 지원해 주기로 했지만, 아무도 신청하지 않았다고 한다. 이처럼 외국어를 무분별하게 사용하는 경우가 많아지고 있다. ㉡외국어 대신 아름다운 우리말을 사용해야 한다.

(　　　　)

**2** 다음 문단의 중심 문장을 찾아 밑줄을 그으세요.

**1**

　우리는 바다에서 여러 가지 자원을 얻는다. 먼저 식량 자원을 얻는다. 바다에 살고 있는 수많은 생물들은 사람들에게 귀중한 식량이 되고 있다. 또한 광물 자원을 얻는다. 바닷속에는 구리나 금 등 여러 종류의 광물이 묻혀 있는데, 이 광물 자원을 이용하여 기계나 비행기 엔진 등을 만든다. 마지막으로 에너지 자원을 얻는다. 바닷물의 흐름이나 바닷바람 등을 이용해 에너지를 만들어 사용하고 있다.

**2**

　줄넘기는 양손으로 줄의 끝을 잡고 머리 위로 돌리면서 그 줄을 뛰어넘는 운동이다. 줄넘기를 하면 여러 가지 효과가 있다. 줄넘기는 온몸을 움직이는 운동이기 때문에 신체가 골고루 발달된다. 또한 폐와 심장이 튼튼해질 뿐만 아니라 비만 예방에도 좋다. 특히 어린이와 청소년이 줄넘기를 하면 뼈의 성장을 촉진시켜 키 성장에도 도움이 된다.

**3**

　우리나라 국보와 보물 등의 공식 명칭이 바뀌었다. '국보 제1호 서울 숭례문'은 '국보 서울 숭례문'으로, '보물 제1호 서울 흥인지문'은 '보물 서울 흥인지문'으로 바뀌었다. 그 까닭은 사람들이 국가유산에 매겨진 번호를 지정한 순서가 아닌 중요한 순서로 여기기 때문이다. 국보 제20호보다 국보 제1호가 더 가치 있고 중요하다고 생각하는 것이다.

**4**

　연못이나 저수지에 사는 가시연꽃은 오염된 물을 깨끗하게 한다. 가시연꽃은 수온이 급격히 올라가는 것도 막아 준다. 수온이 올라가면 녹조가 생겨 물속에 사는 생물이 숨을 쉬기 힘들다. 하지만 가시연꽃 덕분에 녹조가 생기지 않아 습지에 사는 생물들은 호흡하며 살아갈 수가 있다. 이와 같이 가시연꽃은 습지 생태계를 지키는 역할을 한다.

*녹조: 플랑크톤이 대량으로 번식하여 물빛을 녹색으로 변화시키는 현상.

# 연습 문제

**3** 다음 문단의 중심 내용을 바르게 정리한 것을 찾아 ○표 하세요.

1

　진돗개는 사냥개로 길러질 만큼 용감하고 주인에 대한 충성심이 강하다. 진돗개는 멧돼지와 같은 야생 동물을 만나도 겁을 먹지 않고 덤벼들 정도로 용맹스럽다. 또한 진돗개는 첫 주인을 절대로 잊지 않는다. 실제로 한 진돗개가 옛 주인을 찾아 300킬로미터를 달려간 일이 있었는데, 이는 진돗개의 충성심을 잘 보여 주는 예이다.

① 진돗개는 사냥개로 길러지기도 한다. (　　)
② 진돗개는 용감하고 주인에 대한 충성심이 강하다. (　　)

2

　남북으로 길게 뻗어 있는 우리나라는 지역마다 자연환경이 다르기 때문에 김치의 맛도 지역마다 다르다. 날씨가 추운 북부 지방에서는 김치에 소금과 양념을 많이 넣지 않는다. 그래서 김치가 싱겁고 덜 맵다. 하지만 날씨가 비교적 따뜻한 남부 지방에서는 빨리 익는 것을 막기 위해 소금과 양념을 많이 넣어서 김치가 짜고 맵다.

① 남부 지방에서는 소금과 양념을 많이 넣어서 김치가 짜고 맵다. (　　)
② 우리나라는 지역마다 자연환경이 다르기 때문에 김치의 맛도 지역마다 다르다. (　　)

3

　공깃돌을 일정한 규칙에 따라 집고 받는 놀이인 공기놀이는 지역마다 놀이 재료가 달랐다. 주변에서 쉽게 구할 수 있는 재료로 공깃돌을 사용했기 때문이다. 우리나라의 경우, 어떤 지역에서는 조그만 돌을 공깃돌로 사용했지만 바다가 가까운 곳에서는 소라 껍데기를 사용했고, 어떤 지역에서는 살구씨 같은 열매의 씨앗을 이용하기도 했다. 몽골이나 뉴질랜드 같은 초원 지역에서는 양과 같은 동물의 뼈를 공깃돌로 사용했다.

① 공기놀이는 지역마다 놀이 재료가 달랐다. (　　)
② 초원 지역에서는 동물의 뼈를 공깃돌로 사용했다. (　　)

**4** 다음 빈칸에 알맞은 말을 넣어 문단의 중심 내용을 완성하세요.

**1**
　달팽이는 햇볕이 내리쬐는 무더운 여름철이 되면 더위를 피하기 위해 여름잠을 잔다. 달팽이는 날씨가 더워지면 눈에 띄지 않는데 그 까닭은 달팽이가 잠을 자기 때문이다. 햇볕에 약한 달팽이는 건조하고 날씨가 더우면 몸이 마른다. 그래서 뜨거운 햇볕을 피해 껍데기 속으로 들어가 잠을 잔다. 이때 숨 쉴 구멍만 남겨 놓고 입구를 막아서 껍데기 안으로 더운 열기가 들어오지 못하게 한다.

달팽이는 _____ 더위를 피하기 위해 여름잠을 잔다.

**2**
　환경 기초 시설이란 쓰레기 매립장, 화장터, 폐수 처리장, 물 재생 센터 등 국가나 지역의 발전을 위해서 꼭 필요한 시설을 말한다. 환경 기초 시설은 악취나 소음 등의 문제를 일으킬 수 있어서 설치 지역 주민들에게 불쾌감을 주기도 하지만, 사람들의 쾌적한 생활을 위해서 반드시 필요하다.

환경 기초 시설이란 _____ 시설을 말한다.

**3**
　열대 지방과 같이 계절의 변화가 뚜렷하지 않은 지역의 나무는 나이테가 없는 것이 많습니다. 나이테는 계절의 변화에 따라 나무의 성장 속도가 달라서 생기며, 대부분 일 년에 한 줄씩 생깁니다. 하지만 일 년 내내 계절의 변화가 크지 않은 곳에서 자라는 나무는 일 년 내내 비슷한 속도로 자라기 때문에 나이테가 없는 것이 많습니다.

_____의 나무는 나이테가 없는 것이 많습니다.

# 3 글의 짜임에 맞게 정리하기 ①

핵심어와 중심 문장을 찾은 뒤에는 **글의 짜임**을 파악하고, 핵심어와 중심 문장을 이용해서 알맞은 틀에 정리해야 해요. 글의 짜임에 따라 뒷받침 문장의 내용을 덧붙여야 할 때도 있어요. 글의 짜임을 알면 글이 어떻게 전개되는지 파악할 수 있고, 요약도 잘할 수 있어요.

## 방법 1 나열 짜임

나열 짜임은 **설명 대상의 특징을 쭉 늘어놓은 짜임**으로, '**먼저**, **첫째**, **둘째**' 등과 같은 말을 사용하는 경우가 많아요. 나열 짜임의 글은 먼저 구조 틀에 핵심어를 쓰고, 글에서 설명한 대상의 특징이 잘 드러나게 중요한 내용을 정리해요.

**대표 문제 ①**

**1** 사람의 생긴 모양새를 나타내는 우리말은 매우 다양하다. <u>생김새와 관련된 우리말</u>에 대해 알아보자. ← 핵심어

**2** 먼저 몸의 특성과 관련된 말이 있다. '홀쭉이'는 몸이 가냘프거나 볼에 살이 없이 마른 사람을 뜻하는 말이고, '땅딸막하다'는 키가 작고 몸집이 옆으로 퍼져 있다는 뜻의 말이다.
(중심 문장)

**3** 둘째, 차림새와 관련된 말이 있다. '깡똥하다'는 입은 옷이 아랫도리나 속옷이 드러날 정도로 짧다는 말이고, '선바람'은 지금 차리고 나선 그대로의 차림새라는 뜻의 말이다. '후줄근하다'는 옷이 보기 흉하게 축 늘어져 있다는 뜻의 말이다.
(중심 문장)

→ 이 글은 '❶(　　　　)와 관련된 우리말'에 대해 설명한 글입니다. **1**문단에서 핵심어를 찾고, **2**문단과 **3**문단의 중심 문장을 찾은 뒤, 뒷받침 문장에서 설명한 각각의 예를 덧붙여 다음과 같은 틀에 정리할 수 있습니다.

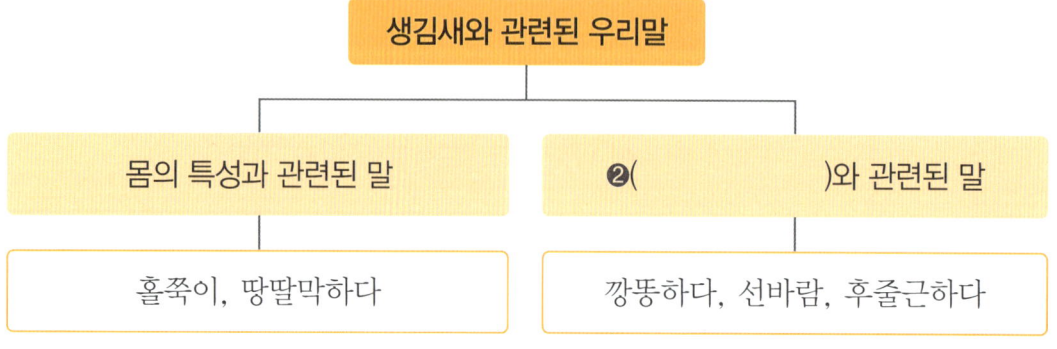

생김새와 관련된 우리말
- 몸의 특성과 관련된 말: 홀쭉이, 땅딸막하다
- ❷(　　　　)와 관련된 말: 깡똥하다, 선바람, 후줄근하다

## 방법 2 순서 짜임

순서 짜임은 **시간이나 장소가 바뀌는 순서에 따라 설명하는 짜임**으로, '먼저, 첫 번째, 그러고는, 마지막으로' 등과 같은 **시간 순서를 나타내는 말**이나 **장소를 나타내는 말**을 사용하는 경우가 많아요. 순서 짜임의 글은 먼저 구조 틀에 핵심어를 쓰고, 시간이나 장소의 순서대로 나타난 중요한 내용을 차례대로 정리해요.

**대표 문제 ①**

1 항아리 냉장고에 대해 들어 보았나요? 항아리 냉장고는 냉장고가 없는 아프리카 주민들을 위해 항아리 속 온도를 낮춰 냉장고처럼 사용하는 것입니다. 항아리 냉장고를 만드는 방법은 (핵심어) 다음과 같습니다.

2 먼저, 크기가 다른 항아리 두 개를 준비합니다. 이때 작은 항아리는 큰 항아리 속에 들어갈 (순서 ①) 정도의 크기여야 합니다. 그러고는, 큰 항아리 속에 작은 항아리를 넣고, 두 항아리 사이에 모 (순서 ②) 래를 채웁니다. 다음으로, 모래가 젖을 때까지 물을 붓습니다. 이렇게 하면 수분이 날아가면서 (순서 ③) 열을 빼앗아 가기 때문에 항아리 안 온도가 낮아집니다. 마지막으로, 작은 항아리 속에 음식물 (순서 ④) 을 넣고 손수건이나 천으로 덮습니다.

◀ 항아리 냉장고

→ 이 글은 '❸( )를 만드는 ❹( )'을 순서대로 설명한 글입니다. 1문단에서 핵심어를 찾고, 2문단에서 시간 순서를 나타내는 말과 중요 내용을 찾아 다음과 같은 틀에 정리할 수 있습니다.

**항아리 냉장고를 만드는 방법**

| 크기가 다른 항아리 두 개를 준비하기 | ➡ | 큰 항아리 속에 작은 항아리를 넣고, 두 항아리 사이에 모래 채우기 | ➡ | ❺( ) 가 젖을 때까지 물 붓기 | ➡ | ❻( ) 항아리 속에 음식물을 넣고 손수건이나 천으로 덮기 |

## 연습 문제

❋ 빈칸에 알맞은 말을 넣어 **나열 짜임**의 글을 정리하세요.

**1**
벌집을 관찰해 보면 육각형 모양이다. 벌이 육각형 모양으로 집을 짓는 까닭은 무엇일까?
첫째, 빈틈이 생기지 않기 때문이다. 그래서 벌집에는 물이나 먼지 등이 들어가지 않는다. 둘째, 넓이가 가장 넓기 때문이다. 육각형 모양은 삼각형이나 사각형 모양보다 넓다. 그래서 많은 양의 꿀을 보관할 수 있다. 셋째, 안정적이기 때문이다. 육각형 모양은 서로 붙여 놓았을 때 많은 변이 닿아 있기 때문에 외부로부터 충격을 받아도 힘이 분산되어 매우 안정적이다.

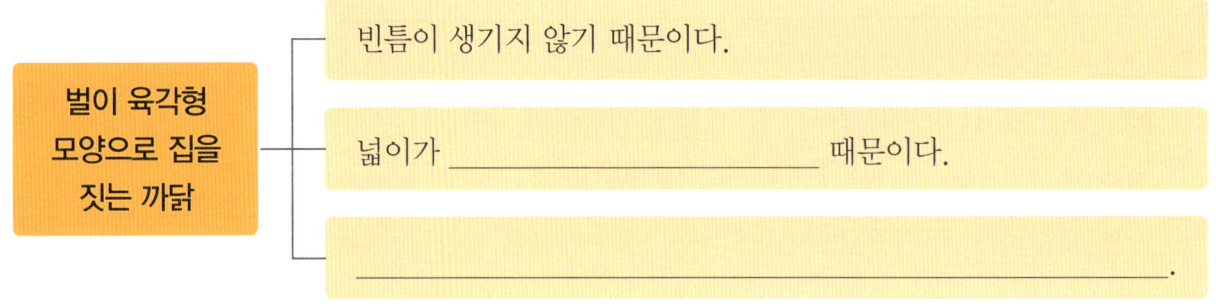

**2**
우리나라에서는 멸종 위기 야생 생물을 1급과 2급으로 나누어 관리하고 있습니다.
멸종 위기 야생 생물 1급은 이미 멸종 위기에 처한 야생 생물입니다. 1급으로 지정된 생물에는 가슴에 흰 초승달 무늬가 있는 반달가슴곰, 겨울 철새인 두루미 등이 있습니다.
2급은 머지않아 멸종 위기에 처할 가능성이 있는 야생 생물입니다. 2급으로 지정된 생물에는 자주색 꽃을 피우는 금자란, 연못이나 개천에 사는 물방개 등이 있습니다.

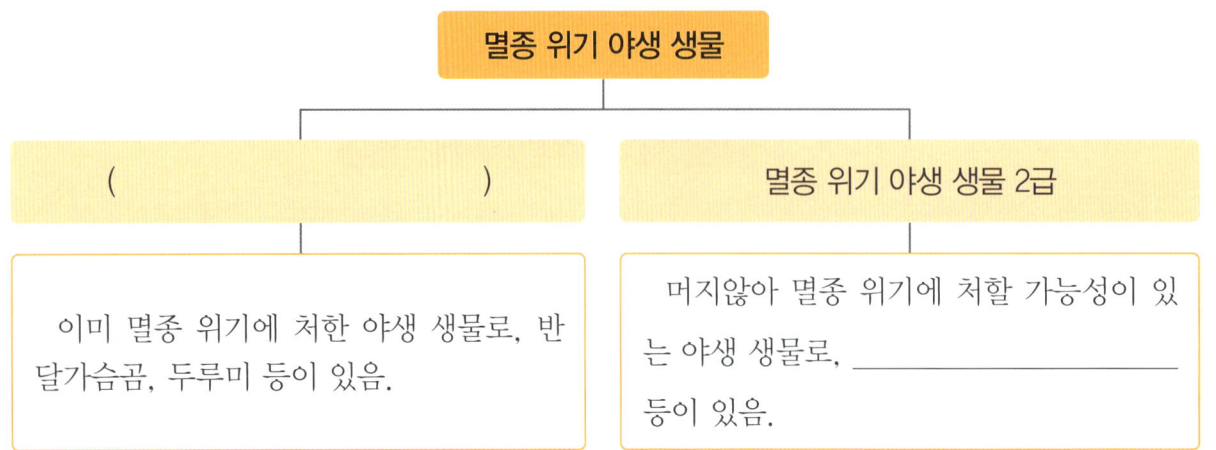

**3**

　세계 여러 나라마다 전통 신발이 있다. 우리나라의 경우, 전통 신발 하면 조선 시대 양반들이 신었던 가죽신과 서민들이 신었던 짚신을 떠올릴 수 있다. 그렇다면 다른 나라 사람들은 어떤 신발을 신었을까? 세계 여러 나라의 전통 신발에 대해 알아보자.

　나막신의 일종인 클롬펜은 네덜란드 사람들이 신었던 신발이다. 네덜란드는 습도가 높고 진흙땅이 많다. 클롬펜은 이런 환경에서 신기 좋은 신발이다. 네덜란드 사람들은 습기를 방지하고 발을 보호하기 위해 예로부터 클롬펜을 신었다. 요즘도 농사를 짓거나 젖은 땅 위에서 작업할 때 클롬펜을 신기도 한다.

▲ 클롬펜

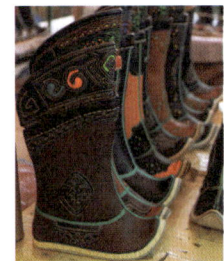
▲ 고탈

　장화의 일종인 고탈은 몽골 사람들이 신었던 신발이다. 고탈은 가죽으로 만든 신발로, 추운 겨울 날씨에 동상에 걸리지 않기 위해 신는다. 신발의 앞코가 땅에 닿지 않고 위쪽을 향해 있는 것이 특징인데, 그 까닭은 자연을 아끼는 몽골 사람들이 걸을 때마다 땅이 신발에 파이는 것을 막기 위해서이다.

　예메니는 튀르키예 사람들이 신었던 신발이다. 튀르키예 사람들은 하루에 다섯 번 예배를 드리기 때문에 신발을 자주 신고 벗었다. 그래서 신발을 쉽게 신고 벗을 수 있도록 뒤꿈치 부분이 *트인 예메니를 즐겨 신었다.

*트이다: 막혀 있던 것이 치워지고 통하게 되다.

▲ 예메니

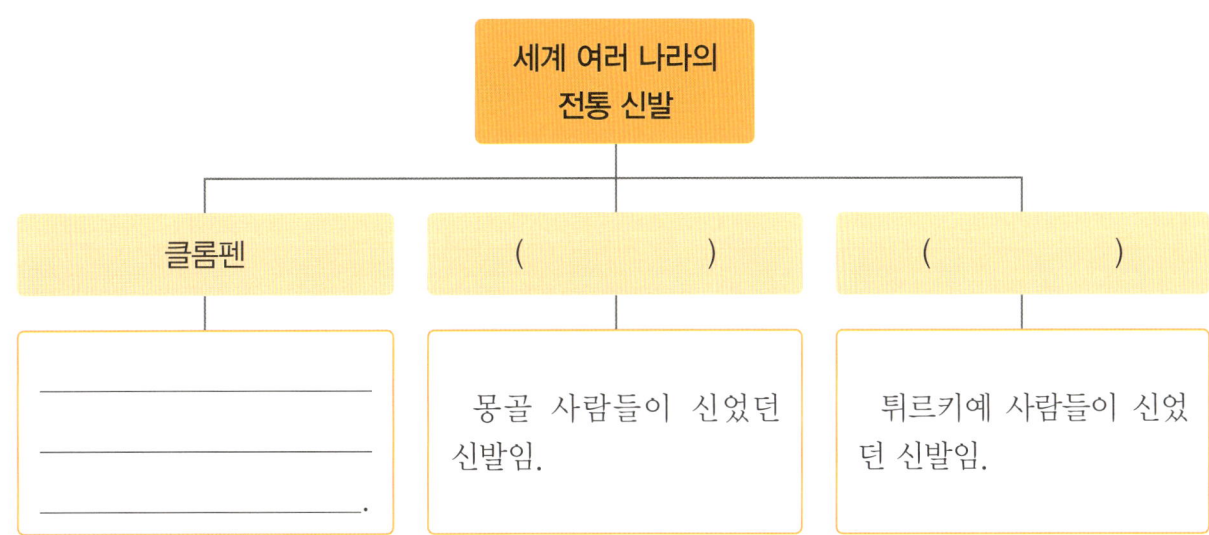

## 연습 문제

❋ 빈칸에 알맞은 말을 넣어 순서 짜임의 글을 정리하세요.

**4**

코끼리 똥을 이용하여 재생 종이를 만들 수 있다. 코끼리 똥으로 재생 종이를 만드는 과정은 다음과 같다.

먼저, 코끼리 똥을 모아서 깨끗이 씻는다. 두 번째, 똥을 끓인다. 똥을 끓이는 까닭은 똥 속에 있는 세균을 없애기 위해서이다. 세 번째, 체를 사용하여 코끼리 똥에서 종이의 원료가 되는 물질을 거른다. 마지막으로, 체에 남은 물질을 말리면 종이가 완성된다.

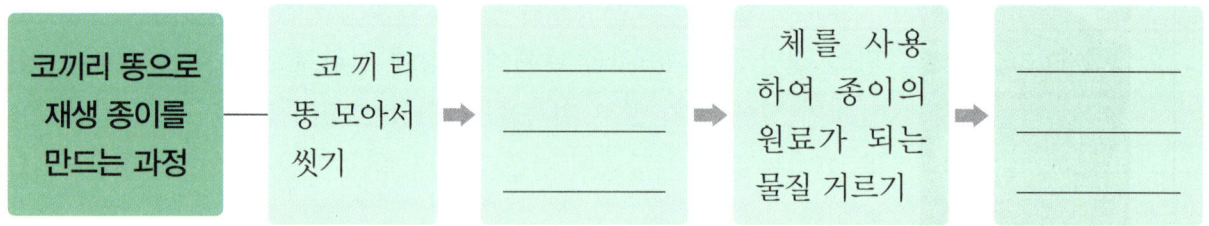

**5**

지난 주말에 가족과 함께 전라남도 순천에 있는 순천만 습지로 여행을 다녀왔다. 텔레비전에서만 보았던 순천만 습지의 모습을 직접 눈으로 보고 싶었기 때문이었다.

순천만 습지에 입장하자마자 드넓은 갈대밭이 우리를 반겨 주었다. 파란 하늘과 황금빛으로 물든 갈대들이 잘 어우러져 한 폭의 그림처럼 느껴졌다. 갈대밭을 둘러본 우리는 용산 전망대로 올라갔다. 용산 전망대에서는 순천만 습지가 한눈에 내려다보였다. 가끔씩 보이는 두루미도 신기하게 느껴졌다. 겨울철이면 수천 마리의 철새가 순천만 습지를 찾아온다고 하는데, 기회가 된다면 겨울에 다시 한번 이곳을 방문하고 싶다는 생각을 했다. 우리는 용산 전망대에서 내려와 동문 쪽에 있는 순천만 국가 정원에 갔다. 이곳에는 12개 나라의 국가 정원이 있었다. 우리는 그중에서 네덜란드 정원, 프랑스 정원 두 곳을 둘러보았다.

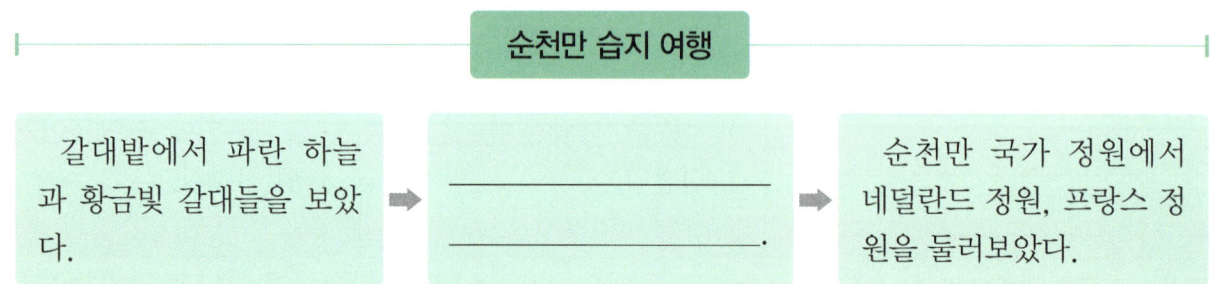

**6**

심장이 멈춘 환자에게는 즉시 심폐 소생술을 해야 합니다. 심폐 소생술은 심장이 멎은 상태를 정상으로 회복시키는 응급 처치 방법입니다. 심폐 소생술을 하는 순서는 다음과 같습니다.

첫 번째, 환자의 반응을 살피고 119에 신고합니다. 환자에게 큰 목소리로 괜찮은지를 물어보았을 때 아무런 반응이 없다면 심장이 멎었을 가능성이 높은 것이므로 119에 신고합니다.

두 번째, 환자에게 호흡이 있는지 확인합니다. 환자의 얼굴과 가슴을 관찰하였을 때 숨을 쉬지 않는 것으로 생각되면 환자의 심장이 멎은 것으로 판단합니다.

세 번째, 가슴을 30회 압박한 뒤 인공호흡을 2회 실시합니다. 먼저 환자를 바닥이 단단하고 평평한 곳에 눕힌 뒤 깍지 낀 두 손의 손바닥으로 환자의 가슴뼈 아래쪽 부분을 압박합니다. 인공호흡을 할 때에는 환자의 머리를 젖히고 턱을 들어 올린 뒤, 환자의 코를 막고 입에 1초 동안 숨을 크게 불어넣습니다.

네 번째, 가슴 압박과 인공호흡을 반복합니다. 30회의 가슴 압박과 2회의 인공호흡을 구급대원이 올 때까지 반복해서 실시합니다.

마지막으로, 호흡이 회복되면 환자를 회복 자세로 바꾸어 줍니다. 회복 자세는 환자의 기도가 막히는 것을 예방하기 위해 환자를 옆으로 돌려 눕히는 것을 말합니다.

**심폐 소생술을 하는 순서**

환자의 반응을 살피고 119에 신고함.

↓

환자에게 _____이/가 있는지 확인함.

↓

가슴을 30회 압박한 뒤 _____.

↓

_____.

↓

호흡이 회복되면 환자를 회복 자세로 바꾸어 줌.

# 3 글의 짜임에 맞게 정리하기 ②

## 방법 3 비교와 대조 짜임

비교와 대조 짜임은 **대상들의 공통점과 차이점을 중심으로 설명하는 짜임**으로, '**공통점이 있습니다**', '**차이점이 있습니다**' 등과 같은 말을 사용하는 경우가 많아요. 비교와 대조 짜임의 글은 먼저 구조 틀에 글에서 설명하는 대상 두 가지를 쓰고, 항목별로 설명한 내용 중에서 중요한 내용이 잘 드러나게 정리해요.

**대표 문제 ①**

**1** 다람쥐와 청설모는 공통점이 있습니다. 다람쥐와 청설모는 둘 다 낮에 주로 활동하는 주행성입니다. 또 추운 겨울을 지내기 위해 도토리나 밤, 잣과 같은 먹이를 바위 구멍이나 땅속에 저장하는 습성이 있습니다.

**2** 다람쥐와 청설모는 차이점도 많습니다. 다람쥐는 몸 윗면에 다섯 줄의 암흑색 무늬가 있고, 땅 위에서 활동하는 시간이 많습니다. 또한 겨울이 되면 겨울잠을 잡니다. 하지만 청설모는 전체적으로 어두운 회색이고, 땅보다는 나무 위에서 주로 활동합니다. 또한 청설모는 겨울잠을 자지 않습니다.

▲ 다람쥐    ▲ 청설모

→ 이 글은 '**①(　　　　　　　)의 공통점과 차이점**'을 설명한 글입니다. 먼저 설명 대상을 찾고, **1**문단에서 설명한 공통점과 **2**문단에서 설명한 차이점 중 중요한 내용만 골라 다음과 같은 틀에 정리할 수 있습니다.

**다람쥐**
- 몸 윗면에 다섯 줄의 암흑색 무늬가 있음.
- ②(　　　　)에서 활동하는 시간이 많음.
- 겨울잠을 잠.

공통점
- 주행성임.
- 추운 겨울을 지내기 위해 ③(　　　　)를 바위 구멍이나 땅속에 저장하는 습성이 있음.

**청설모**
- 전체적으로 어두운 회색임.
- ④(　　　　)에서 주로 활동함.
- 겨울잠을 자지 않음.

# 방법 4 문제와 해결 짜임

문제와 해결 짜임은 **해결할 문제와 그에 대한 해결 방법을 제시하는 짜임**으로, '**문제가 되고 있다**', '**이를 해결하려면**' 등과 같은 말을 사용하는 경우가 많아요. 문제와 해결 짜임의 글은 글을 쓰게 된 문제 상황과 그 문제 상황을 해결할 수 있는 방법으로 나누어 정리해요.

**대표 문제 ①**

❶ '노잼'이라는 말을 사용해 본 적 있나요? '노잼'은 재미가 없다는 뜻의 신조어입니다. <u>최근 이와 같은 신조어를 무분별하게 사용하는 청소년들이 많습니다.</u> 중심 문장 – 문제점 신조어를 무분별하게 사용하면 세대 간의 의사소통이 어려워지고, 우리말도 파괴되며, 올바른 언어 습관을 갖기 힘들어집니다. 청소년들의 무분별한 신조어 사용 문제를 해결하기 위해서는 어떤 노력이 필요할까요?

❷ <u>먼저 대중 매체에서 신조어 사용을 줄여야 합니다.</u> 중심 문장 – 해결 방안 ① 청소년들이 많이 보는 텔레비전이나 인터넷과 같은 대중 매체에서 신조어 사용을 줄여서 우리말을 바르게 사용하는 사회적 분위기를 만들어야 합니다.

❸ <u>청소년들도 바른 언어를 사용하도록 노력해야 합니다.</u> 중심 문장 – 해결 방안 ② 대부분의 청소년들은 친구들이 사용하고 재미있기 때문에 신조어를 습관적으로 사용하는 경우가 많습니다. 지나친 신조어 사용은 잘못된 언어 습관을 갖게 합니다.

→ 이 글은 '청소년들의 무분별한 신조어 사용 문제와 그 문제의 해결 방법'을 쓴 글입니다. ❶문단에서 문제점을 찾고, ❷문단과 ❸문단에서 해결 방안을 찾아 다음과 같은 틀에 정리할 수 있습니다.

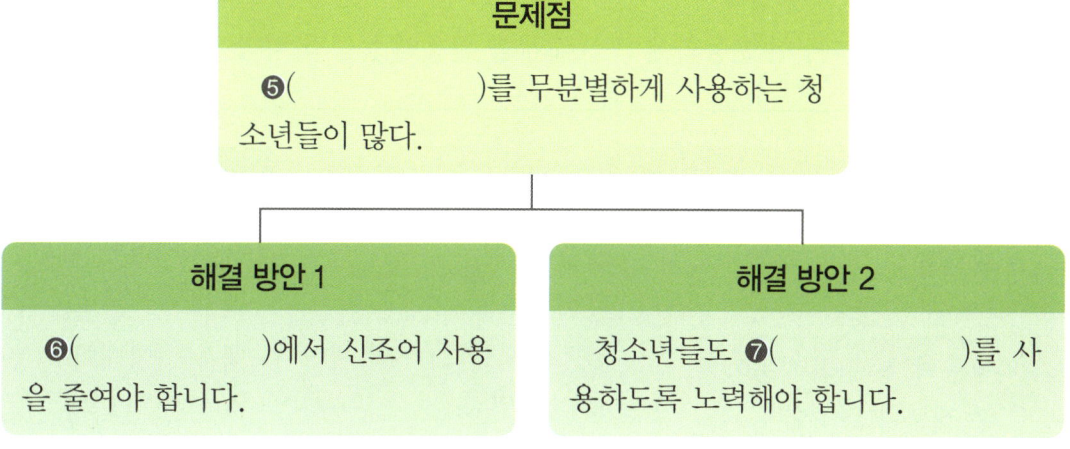

## 연습 문제

❋ 빈칸에 알맞은 말을 넣어 비교와 대조 짜임의 글을 정리하세요.

**1**

먹는 '배', 타는 '배', 사람의 '배'처럼 글자의 형태는 같지만 뜻이 서로 다른 낱말을 '동형어'라고 한다. 또 '머리'처럼 여러 가지 뜻을 가진 낱말을 '다의어'라고 한다. 동형어와 다의어는 글자와 소리가 같다는 공통점이 있지만 차이점도 있다. 동형어는 낱말의 뜻이 서로 관련이 없고, 국어사전에서 각각 다른 낱말로 풀이되어 있다. 하지만 다의어는 낱말의 뜻이 서로 관련이 있고, 국어사전에서 한 낱말에 여러 가지 뜻이 제시되어 있다.

|  | 동형어 | 다의어 |
|---|---|---|
| 공통점 | • _____이/가 같음. | |
| 차이점 | • 낱말의 뜻이 서로 관련이 없음.<br>• 국어사전에서 _____(으)로 풀이되어 있음. | • 낱말의 뜻이 _____.<br>• 국어사전에서 한 낱말에 여러 가지 뜻이 제시되어 있음. |

**2**

제품을 재활용하는 방법에는 리사이클링과 업사이클링이 있다. 두 가지 모두 제품을 재활용하여 쓰레기양을 줄이고, 환경을 보호할 수 있는 방법이다.

하지만 다른 점도 있다. 리사이클링은 제품을 본래 그대로 재사용하는 것이다. 따라서 제품의 형태와 기능이 기존 제품과 비슷하다. 페트병을 수거해 재사용하는 것이 그 예이다. 업사이클링은 기존 제품을 활용하여 다른 제품으로 만드는 것이다. 그래서 제품의 형태와 기능이 기존 제품과 다르다. 헌 운동화에 쓰인 고무를 활용해 농구장 바닥을 만드는 것이 그 예이다.

**(　　　　　)**
- 제품을 _____ _____
- 제품의 형태와 기능이 기존 제품과 비슷함.

- 제품을 _____ 하여 쓰레기양을 줄이고, 환경을 보호할 수 있는 방법임.

**업사이클링**
- 기존 제품을 활용하여 다른 제품으로 만드는 것
- 제품의 형태와 기능이 _____.

**3**

　뮤지컬과 오페라는 이야기를 음악으로 만든 음악극이고, 음악과 노래, 춤 등이 결합된 종합 예술이라는 점이 같다. 하지만 뮤지컬과 오페라는 다른 점도 많다.

　먼저 전달 방법이 다르다. 뮤지컬은 대사 중간에 노래를 하고 춤을 추며 내용을 전달한다. 하지만 오페라는 말이 아닌 노래로 내용을 대부분 전달한다.

　두 번째로 사용하는 언어가 다르다. 뮤지컬은 공연하는 나라의 언어로 노래하는 경우가 많지만 오페라는 이탈리아어나 노래를 작곡한 나라의 언어로 노래한다.

　세 번째로 공연 장소가 다르다. 뮤지컬은 주로 일반 극장에서 공연하지만 오페라는 오페라 전용 극장에서 공연한다.

　마지막으로 반주가 다르다. 뮤지컬은 밴드의 반주나 녹음된 반주 등을 사용하지만 오페라는 항상 오케스트라의 반주에 맞춰 노래를 한다.

▲ 뮤지컬

▲ 오페라

| | | (        ) | (        ) |
|---|---|---|---|
| 같은 점 | | • 이야기를 음악으로 만든 음악극임.<br>• _____. | |
| 다른 점 | 전달 방법 | • 대사 중간에 노래를 하고 춤을 추며 내용을 전달함. | • _____. |
| | 사용하는 언어 | • _____(으)로 노래하는 경우가 많음. | • 이탈리아어나 노래를 작곡한 나라의 언어로 노래함. |
| | 공연 장소 | • _____. | • 오페라 전용 극장에서 공연함. |
| | 반주 | • 밴드의 반주나 녹음된 반주 등을 사용함. | • _____. |

## 연습 문제

❋ 빈칸에 알맞은 말을 넣어 문제와 해결 짜임의 글을 정리하세요.

**4**

아파트와 같은 공동 주택에서 층간 소음으로 고통을 받는 사람들이 많아지고 있다. 층간 소음을 해결하기 위해서는 무엇보다 이웃과 소통하는 태도를 가져야 한다. 이웃과 대화하는 자리를 마련하여 서로의 입장을 이해하고, 소음 발생 원인이나 소음 방지 대책 등에 대해 이야기해야 한다.

**문제점**  _____(으)로 고통을 받는 사람들이 많아지고 있다.

**해결 방안**  이웃과 _____을/를 가져야 한다.

**5**

기후 변화와 산업의 발달 등의 이유로 물 부족 문제가 심각해지고 있다. 2021년 중국의 한 대학교의 연구 결과를 살펴보면 2050년에는 전 세계 인구의 약 3분의 1 정도가 물 부족 문제를 겪을 것이라고 한다.

물 부족 문제를 해결하기 위해서 국가는 기후 변화에 적극적으로 대응하고, 물을 재이용할 수 있는 시설을 마련해야 한다. 또한 *해수 담수화나 빙하 활용 등 새로운 물 자원을 확보해야 한다. 개인은 샤워 시간 단축하기, 샴푸나 세제 사용량 줄이기 등을 실천한다.

*해수 담수화: 바닷물의 염분을 제거하여 민물로 만드는 일.

**문제점**

_____이/가 심각해지고 있다.

**해결 방안**

| 국가 | 기후 변화에 대응하기, 물 재이용 시설 마련하기, 새로운 물 자원 확보하기 |
| --- | --- |
| 개인 | _____ 등을 실천하기 |

**6**

요즈음 숏폼이 대세이다. 숏폼이란 짧은 길이의 영상 콘텐츠를 말하는 것으로, 내용이 짧고 강렬하여 온라인에서 큰 인기를 끌고 있다. 하지만 숏폼의 인기가 높아지면서 숏폼 중독자의 수도 늘어나고 있다. 스마트폰만 켜면 언제든지 손쉽게 볼 수 있을 뿐만 아니라 짧고 자극적인 영상을 보면 어느새 더 자극적인 것을 찾게 되기 때문이다. 숏폼 중독을 막을 수 있는 방법은 무엇일까?

먼저 스스로 절제할 수 있도록 노력해야 한다. 스스로 숏폼을 보는 시간을 정하고, 이를 지키기 위해 노력해야 한다. 그리고 책 읽기나 운동처럼 숏폼 시청을 대신할 활동을 찾는 노력도 필요하다.

사회에서도 숏폼 중독 예방을 위해 힘써야 한다. 교육 기관은 디지털 기기 사용 교육을 더욱 강화하고, 국가는 규제할 법을 마련해야 한다. 세계 여러 나라에서는 디지털 기기 사용을 규제하려는 움직임이 계속되고 있다. 프랑스에서는 3세 미만 영상 시청 금지 및 13세 미만 스마트폰 소지 금지 방안을 검토 중이고, 영국에서는 '온라인 안전법'을 만들었다. 중국에서는 18세 미만 청소년의 스마트폰 사용 시간을 하루 2시간으로 제한하는 법을 추진하고 있다.

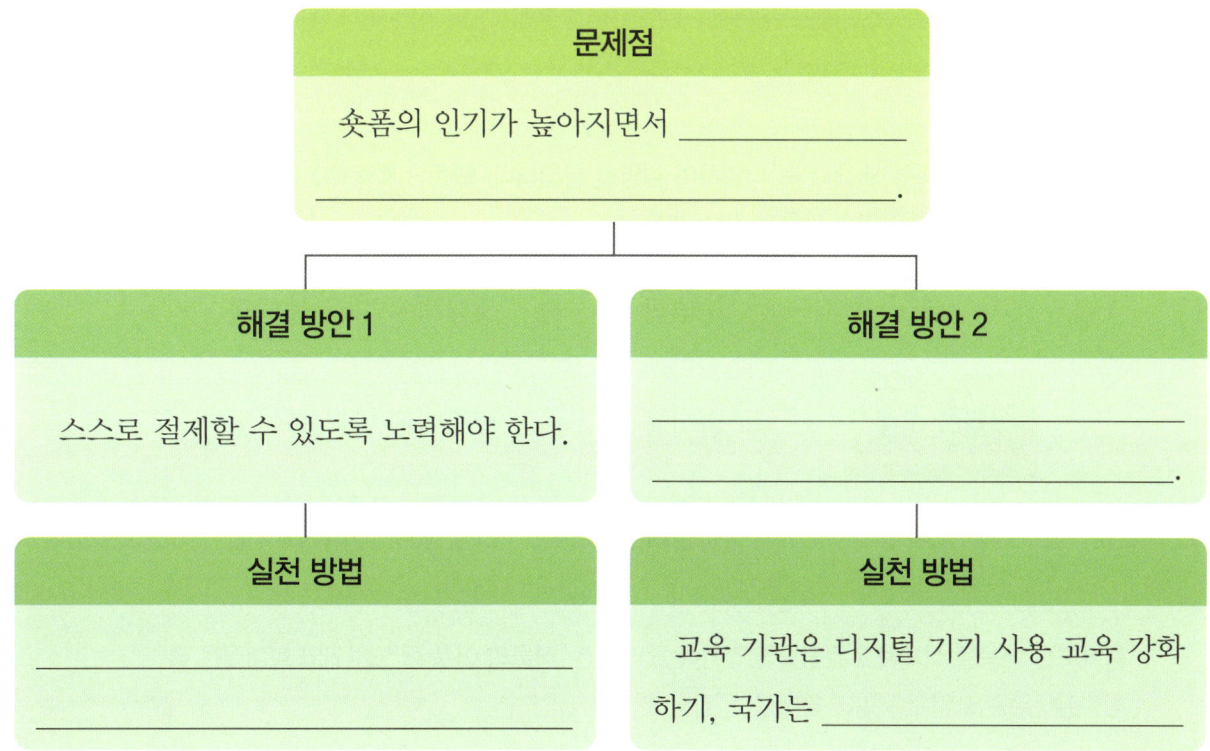

# 4 요약하기

마지막 요약하기 단계에서는 글의 짜임에 맞게 정리한 내용을 바탕으로 중요한 내용을 정리해요.

## 방법 1 중복되는 내용 삭제하고 연결하기

**중복되는 내용은 삭제**하고, '그리고, 그러나, -고, -지만' 등의 **이어 주는 말**을 사용해서 문장을 자연스럽게 연결해요.

### 대표 문제 ①

1 식물의 이름을 보면 조상들의 뛰어난 관찰력과 지혜를 느낄 수 있다. **식물의 이름**은 어떻게 붙여졌는지 몇 가지만 알아보자. (핵심어)

2 <u>노루귀는 생김새에 따라 붙여졌다.</u> 노루귀라는 이름은 꽃줄기나 잎이 올라올 때 모습이 노루의 귀를 닮아서 붙여졌다. (중심 문장)

3 <u>할미꽃도 생김새에 따라 붙여졌다.</u> 할미꽃이라는 이름은 꽃이 땅을 굽어보고 있고 하얀 털이 나 있는 모습이 허리가 구부러지고 머리가 하얀 할머니처럼 보이기 때문에 붙여졌다. (중심 문장)

4 <u>참빗살나무는 쓰임새에 따라 붙여졌다.</u> 참빗살나무라는 이름은 옛날에 쓰던 참빗의 살을 만들 때 쓰인 나무이기 때문에 붙여졌다. (중심 문장)

→ 이 글은 '식물의 이름'에 대해 쭉 나열하여 설명한 글입니다. 1문단에서 핵심어를 찾고, 2~4문단에서 중심 문장을 찾아 틀에 정리하면 다음과 같습니다.

→ 중복되는 내용을 삭제하고 문장을 연결하여 요약하면 "식물의 이름 중 노루귀와 할미꽃은 ❶(                    ), 참빗살나무는 쓰임새에 따라 붙여졌다."입니다.

# Day 05

대표 문제 ②

1 김치볶음밥은 잘 익은 김치를 넣어 볶은 음식입니다. 지금부터 <mark>김치볶음밥을 만드는 방법</mark>을 알아봐요. ← 핵심어

2 <u>먼저 김치와 여러 가지 채소를 썹니다.</u> 이때 김치는 약 1센티미터 크기로 썰면 됩니다. 또 김치볶음밥에 들어갈 양파, 당근, 애호박은 잘게 다집니다.
　중심 문장 – 순서 ①

3 <u>그다음에는 썰어 놓은 채소와 김치를 볶습니다.</u> 프라이팬에 약간의 기름을 두르고 팬이 달궈지면 채소부터 볶습니다. 이때 소금과 후추를 약간 넣어 양념을 합니다. 채소가 다 볶아지면 김치를 넣고 함께 볶습니다. 이때 설탕을 조금 넣어 줍니다.
　중심 문장 – 순서 ②

4 <u>채소와 김치가 다 볶아졌으면 밥을 넣고 함께 볶습니다.</u> 밥을 넣고 센 불에서 볶다가 어느 정도 시간이 지나면 불을 끄고 참기름을 섞어 줍니다.
　중심 문장 – 순서 ③

5 <u>마지막으로 계란프라이를 김치볶음밥 위에 올립니다.</u> 김치볶음밥을 접시나 그릇에 담고 계란프라이를 올려 함께 먹으면 맛있는 김치볶음밥을 즐길 수 있습니다.
　중심 문장 – 순서 ④

→ 이 글은 '김치볶음밥을 만드는 방법'을 설명한 글입니다. 1문단에서 핵심어를 찾고, 2~5문단에서 중심 문장을 찾아 틀에 정리하면 다음과 같습니다.

**김치볶음밥을 만드는 방법**

| 김치와 여러 가지 채소를 썰기 | → | 채소와 김치를 볶기 | → | 밥을 넣고 함께 볶기 | → | 계란프라이를 김치볶음밥 위에 올리기 |

→ 정리한 내용을 자연스럽게 연결하여 요약하면 "김치볶음밥을 만들려면 먼저 김치와 여러 가지 채소를 썹니다. 그리고 ❷(　　　　　　　　　　　　　　　　　　　　　　　　　　). 마지막으로 계란프라이를 김치볶음밥 위에 올립니다."입니다.

## 연습 문제

❋ 틀에 정리한 내용을 바탕으로 글의 내용을 요약하려고 해요. 빈칸에 알맞은 말을 쓰세요.

**1**

　세계 여러 나라마다 전통 신발이 있다. 우리나라의 경우, 전통 신발 하면 조선 시대 양반들이 신었던 가죽신과 서민들이 신었던 짚신을 떠올릴 수 있다. 그렇다면 다른 나라 사람들은 어떤 신발을 신었을까? 세계 여러 나라의 전통 신발에 대해 알아보자.
　나막신의 일종인 클롬펜은 네덜란드 사람들이 신었던 신발이다. 네덜란드는 습도가 높고 진흙땅이 많다. 클롬펜은 이런 환경에서 신기 좋은 신발이다. 네덜란드 사람들은 습기를 방지하고 발을 보호하기 위해 예로부터 클롬펜을 신었다. 요즘도 농사를 짓거나 젖은 땅 위에서 작업할 때 클롬펜을 신기도 한다.
　장화의 일종인 고탈은 몽골 사람들이 신었던 신발이다. 고탈은 가죽으로 만든 신발로, 추운 겨울 날씨에 동상에 걸리지 않기 위해 신는다. 신발의 앞코가 땅에 닿지 않고 위쪽을 향해 있는 것이 특징인데, 그 까닭은 자연을 아끼는 몽골 사람들이 걸을 때마다 땅이 신발에 파이는 것을 막기 위해서이다.
　예메니는 튀르키예 사람들이 신었던 신발이다. 튀르키예 사람들은 하루에 다섯 번 예배를 드리기 때문에 신발을 자주 신고 벗었다. 그래서 신발을 쉽게 신고 벗을 수 있도록 뒤꿈치 부분이 트인 예메니를 즐겨 신었다.

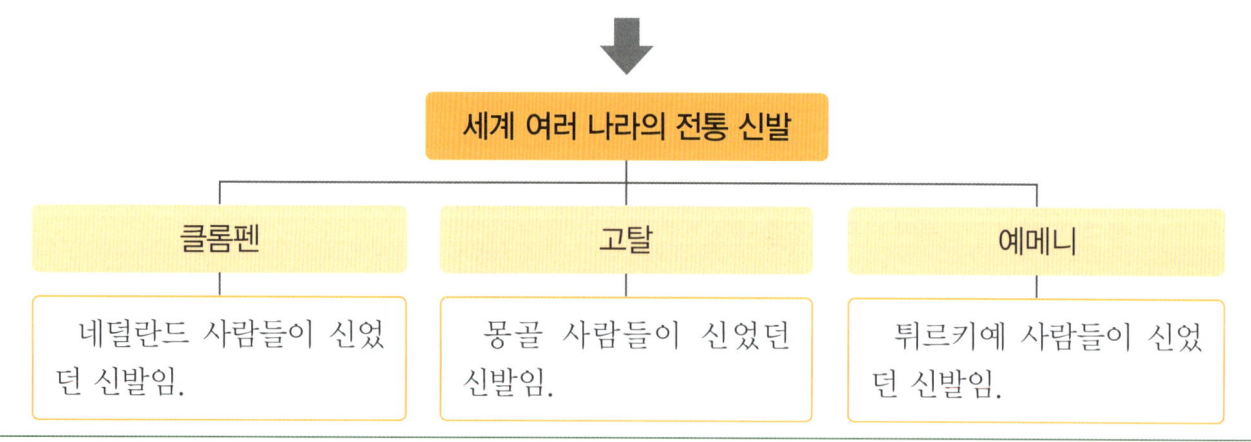

**요약하기**

　세계 여러 나라의 전통 신발 중 클롬펜은 네덜란드 사람들이, _____.

## 2

　심장이 멈춘 환자에게는 즉시 심폐 소생술을 해야 합니다. 심폐 소생술은 심장이 멎은 상태를 정상으로 회복시키는 응급 처치 방법입니다. 심폐 소생술을 하는 순서는 다음과 같습니다.

　첫 번째, 환자의 반응을 살피고 119에 신고합니다. 환자에게 큰 목소리로 괜찮은지를 물어보았을 때 아무런 반응이 없다면 심장이 멎었을 가능성이 높은 것이므로 119에 신고합니다.

　두 번째, 환자에게 호흡이 있는지 확인합니다. 환자의 얼굴과 가슴을 관찰하였을 때 숨을 쉬지 않는 것으로 생각되면 환자의 심장이 멎은 것으로 판단합니다.

　세 번째, 가슴을 30회 압박한 뒤 인공호흡을 2회 실시합니다. 먼저 환자를 바닥이 단단하고 평평한 곳에 눕힌 뒤 깍지 낀 두 손의 손바닥으로 환자의 가슴뼈 아래쪽 부분을 압박합니다. 인공호흡을 할 때에는 환자의 머리를 젖히고 턱을 들어 올린 뒤, 환자의 코를 막고 입에 1초 동안 숨을 크게 불어넣습니다.

　네 번째, 가슴 압박과 인공호흡을 반복합니다. 30회의 가슴 압박과 2회의 인공호흡을 구급 대원이 올 때까지 반복해서 실시합니다.

　마지막으로, 호흡이 회복되면 환자를 회복 자세로 바꾸어 줍니다. 회복 자세는 환자의 기도가 막히는 것을 예방하기 위해 환자를 옆으로 돌려 눕히는 것을 말합니다.

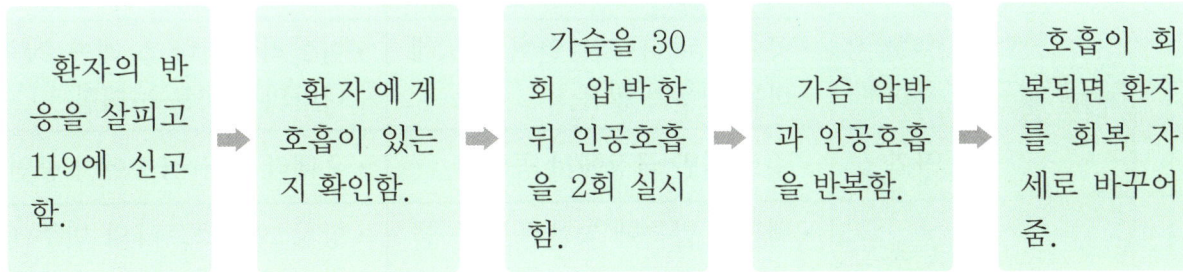

### 요약하기

　심폐 소생술을 하려면 _____ _____. 그리고 가슴을 30회 압박한 뒤 인공호흡 2회 실시하기를 반복합니다. 마지막으로 호흡이 회복되면 환자를 회복 자세로 바꾸어 줍니다.

**연습 문제**

**3**

　뮤지컬과 오페라는 이야기를 음악으로 만든 음악극이고, 음악과 노래, 춤 등이 결합된 종합 예술이라는 점이 같다. 하지만 뮤지컬과 오페라는 다른 점도 많다.

　먼저 전달 방법이 다르다. 뮤지컬은 대사 중간에 노래를 하고 춤을 추며 내용을 전달한다. 하지만 오페라는 말이 아닌 노래로 내용을 대부분 전달한다.

　두 번째로 사용하는 언어가 다르다. 뮤지컬은 공연하는 나라의 언어로 노래하는 경우가 많지만 오페라는 이탈리아어나 노래를 작곡한 나라의 언어로 노래한다.

　세 번째로 공연 장소가 다르다. 뮤지컬은 주로 일반 극장에서 공연하지만 오페라는 오페라 전용 극장에서 공연한다.

　마지막으로 반주가 다르다. 뮤지컬은 밴드의 반주나 녹음된 반주 등을 사용하지만 오페라는 항상 오케스트라의 반주에 맞춰 노래를 한다.

|  |  | 뮤지컬 | 오페라 |
|---|---|---|---|
| 같은 점 | | • 이야기를 음악으로 만든 음악극임.<br>• 음악과 노래, 춤 등이 결합된 종합 예술임. | |
| 다른 점 | 전달 방법 | • 대사 중간에 노래를 하고 춤을 추며 내용을 전달함. | • 말이 아닌 노래로 내용을 대부분 전달함. |
| | 사용하는 언어 | • 공연하는 나라의 언어로 노래하는 경우가 많음. | • 이탈리아어나 노래를 작곡한 나라의 언어로 노래함. |
| | 공연 장소 | • 주로 일반 극장에서 공연함. | • 오페라 전용 극장에서 공연함. |
| | 반주 | • 밴드의 반주나 녹음된 반주 등을 사용함. | • 항상 오케스트라의 반주에 맞춰 노래함. |

**요약하기**

　뮤지컬과 오페라는 음악극이고, _____(이)라는 점이 같다. 그러나 전달 방법, 사용하는 언어, _____이/가 다르다.

**4**

　요즈음 숏폼이 대세이다. 숏폼이란 짧은 길이의 영상 콘텐츠를 말하는 것으로, 내용이 짧고 강렬하여 온라인에서 큰 인기를 끌고 있다. 하지만 숏폼의 인기가 높아지면서 숏폼 중독자의 수도 늘어나고 있다. 스마트폰만 켜면 언제든지 손쉽게 볼 수 있을 뿐만 아니라 짧고 자극적인 영상을 보면 어느새 더 자극적인 것을 찾게 되기 때문이다. 숏폼 중독을 막을 수 있는 방법은 무엇일까?

　먼저 스스로 절제할 수 있도록 노력해야 한다. 스스로 숏폼을 보는 시간을 정하고, 이를 지키기 위해 노력해야 한다. 그리고 책 읽기나 운동처럼 숏폼 시청을 대신할 활동을 찾는 노력도 필요하다.

　사회에서도 숏폼 중독 예방을 위해 힘써야 한다. 교육 기관은 디지털 기기 사용 교육을 더욱 강화하고, 국가는 규제할 법을 마련해야 한다. 세계 여러 나라에서는 디지털 기기 사용을 규제하려는 움직임이 계속되고 있다. 프랑스에서는 3세 미만 영상 시청 금지 및 13세 미만 스마트폰 소지 금지 방안을 검토 중이고, 영국에서는 '온라인 안전법'을 만들었다. 중국에서는 18세 미만 청소년의 스마트폰 사용 시간을 하루 2시간으로 제한하는 법을 추진하고 있다.

| 문제점 | 숏폼의 인기가 높아지면서 숏폼 중독자의 수도 늘어나고 있다. |
|---|---|

| 해결 방안 1 | 해결 방안 2 |
|---|---|
| 스스로 절제할 수 있도록 노력해야 한다. | 사회에서도 숏폼 중독 예방을 위해 힘써야 한다. |
| **실천 방법** | **실천 방법** |
| 스스로 숏폼 보는 시간 정하고 지키기, 숏폼 시청을 대신할 활동 찾기 | 교육 기관은 디지털 기기 사용 교육 강화하기, 국가는 규제할 법 마련하기 |

### 요약하기

　숏폼의 인기가 높아지면서 숏폼 중독자의 수도 늘어나고 있다. 숏폼 중독을 막으려면 _____, 사회에서도 숏폼 중독 예방을 위해 힘써야 한다.

# 실전 요약 기술 적용

실전 파트에 무사히 도착한 친구들을 환영합니다. 실전 파트에서는 앞에서 배운 요약 기술을 긴 글에 적용해 봅니다. 다양한 종류의 글을 만날 수 있습니다. 4단계 요약 기술 단계에 맞춰 글을 읽고 스스로 요약을 한 후에는 독해 정복 문제를 풀어 봅니다. 글의 내용을 요약하며 읽으면 독해 문제가 쉬워지는 것을 경험할 수 있을 거예요. 이제, 마지막 관문인 실전 파트로 들어가 볼까요?

## 알아 두기

1. 실전 지문은 핵심어를 찾고, 각 문단의 중심 문장을 정리하며 읽으세요.
2. **중심 문장** 은 문단의 중심 문장이 간결하지 않기 때문에 다른 말로 재구성하여 중심 내용을 정리하라는 표시입니다. 중심 문장에서 중요하지 않은 내용을 삭제하여 정리하세요.

## 학습 계획표

| | 학습 내용 | | 날짜 | 확인 |
|---|---|---|---|---|
| 01 | 세계의 기울어진 건축물 | 수학 | Day 06 / | |
| 02 | 한해살이 식물과 여러해살이 식물 | 과학 | Day 07 / | |
| 03 | 기원전부터 사용한 엘리베이터 | | Day 08 / | |
| 04 | 도시의 교통 문제 | 사회 | Day 09 / | |
| 05 | 식당에서 일회용 물티슈를 사용하지 말자 | | Day 10 / | |
| 06 | 조선 시대의 공공 기관 | 사회 | Day 11 / | |
| 07 | 같은 듯 다른 비올라와 바이올린 | 음악 | Day 12 / | |
| 08 | 고래를 보호하는 일은 지구를 지키는 일 | | Day 13 / | |
| 09 | 저출산, 심각한 사회 문제 | 사회 | Day 14 / | |
| 10 | 국악기의 종류 | | Day 15 / | |
| 11 | 사이버 폭력, 어떻게 해결할까? | 사회 | Day 16 / | |
| 12 | 저울은 어떻게 발전하여 왔을까요? | 과학 | Day 17 / | |
| 13 | 판에 찍어 낸 그림, 판화 | | Day 18 / | |
| 14 | 무서운 자연재해, 토네이도와 태풍 | | Day 19 / | |
| 15 | 여행자와 현지인 모두가 행복한 공정 여행 | | Day 20 / | |
| 16 | 증발과 끓음 | 과학 | Day 21 / | |
| 17 | 우리나라 화폐 속 인물들 | 사회 | Day 22 / | |
| 18 | 건강과 생태계를 위협하는 환경 호르몬 | | Day 23 / | |
| 19 | 화석은 어떻게 만들어지고 발견될까? | 과학 | Day 24 / | |
| 20 | 사람에게 이로운 백색 소음 | | Day 25 / | |
| 21 | 청소년 화장, 이대로 좋은가? | | Day 26 / | |
| 22 | 식물의 특징을 활용해요 | 과학 | Day 27 / | |
| 23 | 문화유산 훼손, 막을 방법은? | 사회 | Day 28 / | |
| 24 | 몸에 이로운 발효, 몸에 해로운 부패 | | Day 29 / | |
| 25 | 두부를 만드는 방법 | 과학 | Day 30 / | |

## 수학 01

**중심 문장**은 중요하지 않은 내용을 삭제해서 문단의 중심 내용을 정리하라는 표시입니다.

### 어휘 뜻
- *완공되다: 공사가 완성되다.
- *착공: 공사를 시작함.
- *수직: 사물이 아래로 곧게 내려가거나 떨어지는 상태.
- *등재되다: 일정한 사항이 장부나 대장에 올려지다.

## 세계의 기울어진 건축물

1 세계 곳곳에는 독특한 건축물이 많이 있습니다. 그중에서 한쪽으로 기울어진 모습 때문에 유명한 건축물이 있습니다. 세계 여러 나라에 있는 기울어진 건축물에 대해 알아봅시다.

**중심 문장** 세계 여러 나라에 있는 (　　　　　) 건축물에 대해 알아봅시다.

2 첫째, 이탈리아의 피사의 사탑이 있습니다. 피사의 사탑은 1372년에 *완공되었으며, 기울기는 약 5.5도입니다. 피사의 사탑은 *착공 당시에는 *수직이었습니다. 그런데 공사 중간에 땅의 한쪽이 내려앉아 탑이 기울어진 사실을 발견하였습니다. 이후 탑이 계속 기울어져 붕괴 위험에 놓이자 이탈리아 정부가 1990년부터 10년 동안 보수 공사를 진행하였습니다. 이로 인해 현재 기울어짐 현상은 멈춘 상태입니다.

▲ 피사의 사탑

**중심 문장** 첫째, 이탈리아의 (　　　　　)이 있습니다.

▲ 캐피털 게이트

3 둘째, 아랍 에미리트 연합국의 캐피털 게이트가 있습니다. 캐피털 게이트는 2011년에 완공되었으며, 기울기는 약 18도입니다. 캐피털 게이트는 총 35층으로, 12층까지는 수직으로 올라가고 13층부터 35층까지는 옆으로 기울어지게 설계되었습니다. 이 건물은 세계에서 가장 많이 기울어진 인공 건축물로 기네스북에도 *등재되었습니다.

**중심 문장** 둘째, 아랍 에미리트 연합국의 (　　　　　)가 있습니다.

4 셋째, 중국의 호구탑이 있습니다. '동양의 피사의 사탑'이라고도 불리는 호구탑은 961년에 완공되었으며, 기울기는 약 3도입니다. 호구탑은 약 400년 전인 명나라 때부터 계속 조금씩 기울었는데, 1957년에 보수 공사를 한 뒤로는 더 이상 기울지 않고 있습니다.

▲ 호구탑

**중심 문장** 셋째, 중국의 (　　　　　)이 있습니다.

---

**1** 빈칸에 알맞은 말을 넣어 이 글의 핵심어를 완성하세요.

세계 여러 나라에 있는 (　　　　　　　　　　)

**2** 이 글의 짜임에 맞게 주요 내용을 정리하세요.

```
          세계 여러 나라에 있는 기울어진 건축물
   ┌───────────────────┼───────────────────┐
 이탈리아의        아랍 에미리트 연합국의        중국의
 (        )          캐피털 게이트         (        )
   │                    │                    │
1372년에 완공되었으며   2011년에 완공되었으며   961년에 완공되었으며
기울기는 약 5.5도임.    _____.    기울기는 약 3도임.
```

**3** 앞에서 정리한 내용을 바탕으로 이 글의 내용을 요약해 쓰세요.

> 세계 여러 나라에 있는 기울어진 건축물에는 이탈리아의 피사의 사탑, _____
> _____이/가 있습니다.

 독해 정복!

**4** 이 글에서 설명한 건축물 중 가장 많이 기울어진 것을 찾아 쓰세요.

( )

**5** 이 글을 읽고 알게 된 내용으로 알맞은 것을 찾아 기호를 쓰세요.

> ㉮ 호구탑은 처음부터 기울어지도록 설계되었다.
> ㉯ 피사의 사탑은 지금도 조금씩 기울어지고 있다.
> ㉰ 호구탑, 피사의 사탑, 캐피털 게이트의 순서대로 지어졌다.

( )

## 과학 02

### 한해살이 식물과 여러해살이 식물

중심 문장 은 중요하지 않은 내용을 삭제해서 문단의 중심 내용을 정리하라는 표시입니다.

1 겨울이 되면 나팔꽃은 시들어 죽지만, 배나무는 죽지 않습니다. 나팔꽃은 한해살이 식물이고 배나무는 여러해살이 식물이기 때문입니다. 한해살이 식물과 여러해살이 식물의 같은 점과 다른 점을 알아봅시다.

중심 문장 (                                                      )의 같은 점과 다른 점을 알아봅시다.

2 한해살이 식물과 여러해살이 식물은 *한살이 과정이 같습니다. 한해살이 식물과 여러해살이 식물은 모두 씨앗이 싹을 *틔우는 발아, 잎과 줄기가 자라는 성장, 꽃이 피는 개화, 열매를 맺는 결실의 한살이 과정을 거칩니다.

중심 문장 한해살이 식물과 여러해살이 식물은 (              )이 같습니다.

3 하지만 한해살이 식물과 여러해살이 식물은 한살이 기간이 다릅니다. 한해살이 식물은 한살이 과정이 일 년 이내로 끝나지만, 여러해살이 식물은 한살이 과정이 여러 해 동안 일어납니다. 대표적인 한해살이 식물인 옥수수의 경우, 봄에 싹이 터서 자라다가 여름이 되면 꽃이 피고 열매를 맺습니다. 그리고 그해에 죽습니다. 이처럼 한해살이 식물은 한 해만 살고 일생을 마칩니다. 하지만 여러해살이 식물은 여러 해 동안 죽지 않고 살아갑니다. 여러해살이 식물인 사과나무는 봄에 싹이 트고 3년 정도 자란 뒤부터 꽃이 피었다가 집니다. 꽃이 지고 나면 사과가 열립니다. 그리고 이듬해에 다시 꽃이 핍니다.

▲ 한해살이 식물인 옥수수

▲ 여러해살이 식물인 사과나무

중심 문장 한해살이 식물과 여러해살이 식물은 (              )이 다릅니다.

4 한해살이 식물과 여러해살이 식물은 겨울을 *나는 형태도 다릅니다. 한해살이 식물은 겨울이 오기 전에 시들어 죽기 때문에 씨앗의 형태로 겨울을 납니다. 그리고 봄이 되면 그 씨앗에서 다시 싹이 나옵니다. 하지만 여러해살이 식물은 겨울이 되면 땅 위에 있는 부분은 말라 죽어도, 땅속에 있는 뿌리나 줄기 부분은 살아남습니다.

중심 문장 한해살이 식물과 여러해살이 식물은 (              )도 다릅니다.

### 어휘 뜻

*한살이: 세상에 태어나서 죽을 때까지의 동안.

*틔우다: 싹 등을 자라나게 하다.

*나다: 철이나 기간을 보내다.

---

**1** 빈칸에 알맞은 말을 넣어 이 글의 핵심어를 완성하세요.

(                                                      )의 같은 점과 다른 점

**2** 이 글의 짜임에 맞게 주요 내용을 정리하세요.

| | | 한해살이 식물 | ( ) |
|---|---|---|---|
| 같은 점 | 한살이 과정 | 발아, 성장, 개화, 결실의 과정을 거침. | |
| 다른 점 | ( ) | 한살이 과정이 일 년 이내로 끝남. | 한살이 과정이 _____ _____. |
| | 겨울을 나는 형태 | _____의 형태로 겨울을 남. | 땅속에 있는 뿌리나 줄기 부분이 살아남음. |

**3** 앞에서 정리한 내용을 바탕으로 이 글의 내용을 요약해 쓰세요.

> 한해살이 식물과 여러해살이 식물은 한살이 과정이 같습니다. 하지만 _____ _____이/가 다릅니다.

🔺 **독해 정복!**

**4** 한해살이 식물과 여러해살이 식물에 대한 설명으로 알맞은 것을 고르세요. ( )

① 옥수수는 대표적인 한해살이 식물이다.
② 한해살이 식물은 뿌리의 형태로 겨울을 난다.
③ 한해살이 식물과 여러해살이 식물이 사는 곳은 같다.
④ 여러해살이 식물은 발아, 성장, 개화, 결실의 과정을 거치지 않는다.

**5** 다음 중 여러해살이 식물에 해당하는 것을 찾아 ○표 하세요.

(1) 열매를 맺고 그해에 시들어 죽는 강낭콩 ( )
(2) 겨울을 보내고 그다음 해에도 살아가는 민들레 ( )

# 03

중심 문장 은 중요하지 않은 내용을 삭제해서 문단의 중심 내용을 정리하라는 표시입니다.

## 기원전부터 사용한 엘리베이터

1 고층 건물이 많은 현대 사회에서 건물 안을 쉽고 빠르게 이동할 수 있도록 해 주는 엘리베이터는 없어서는 안 될 필수품이다. 엘리베이터는 언제부터 사용했을까? 엘리베이터는 역사가 무척 오래된 장치로, *기원전부터 사용하였다.

중심 문장 엘리베이터는 역사가 무척 오래된 장치로, (　　　　　)부터 사용하였다.

2 엘리베이터는 기원전 236년에 고대 그리스의 수학자인 아르키메데스가 최초로 만들었다. 아르키메데스는 도르래와 밧줄을 이용한 엘리베이터를 만들었는데, 사람이나 동물이 도르래에 걸린 밧줄을 당기면 위로 움직이는 방식이었다. 이 엘리베이터는 물건을 나를 때 이용하였다.

중심 문장 엘리베이터는 기원전 236년에 (　　　　　)가 최초로 만들었다.

3 1700년대에는 사람이 타는 엘리베이터가 건물에 처음으로 설치되었다. 루이 15세는 1743년에 베르사유 궁전에 '날아다니는 의자'라고 불리는 엘리베이터를 설치하게 하였는데, 이 엘리베이터는 줄에 매달린 의자에 사람이 앉으면 반대쪽에 있는 하인들이 줄을 당겨 움직이는 방식이었다. 하지만 줄이 끊어져 사람이 추락하는 사고가 많이 일어났다.

중심 문장 1700년대에는 (　　　　　)가 건물에 처음으로 설치되었다.

4 지금과 같이 안전한 엘리베이터를 사용한 것은 19세기부터이다. 1853년에 미국의 엘리샤 오티스는 줄이 끊어져도 추락하지 않는 안전장치를 발명하여 엘리베이터에 *부착했다. 이때부터 엘리베이터가 *대중화되기 시작하였다.

중심 문장 지금과 같이 안전한 엘리베이터를 사용한 것은 (　　　　　)부터이다.

5 이처럼 엘리베이터의 역사는 무척 길다. 최근 상하좌우로 움직이는 엘리베이터가 개발되었고, 우주까지 올라가는 우주 엘리베이터도 연구하고 있는 등 엘리베이터는 계속 발전하고 있다. 우리의 삶이 더욱 편리해지도록 엘리베이터는 앞으로도 계속 발전할 것이다.

중심 문장 우리의 삶이 더욱 편리해지도록 엘리베이터는 앞으로도 계속 발전할 것이다.

### 어휘 뜻

*기원전: 예수가 태어난 해를 기준으로 한 달력에서 기준 연도의 이전.

*도르래: 바퀴에 줄을 걸어서 돌려 물건을 들어 올리거나 옮기는 장치.

*부착하다: 떨어지지 않게 붙이거나 달다.

*대중화되다: 대중에게 널리 퍼져 친숙해지다.

---

1 빈칸에 알맞은 말을 넣어 이 글의 핵심어를 완성하세요.

엘리베이터의 (　　　　　)

**2** 이 글의 짜임에 맞게 주요 내용을 정리하세요.

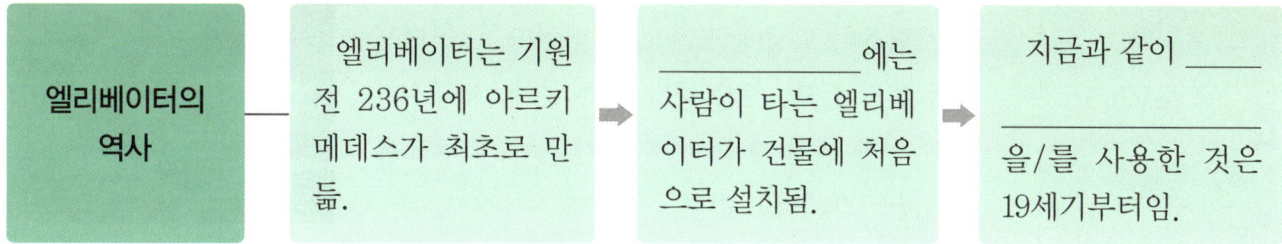

**3** 앞에서 정리한 내용을 바탕으로 이 글의 내용을 요약해 쓰세요.

　　엘리베이터는 기원전 236년에 아르키메데스가 _____. 1700년대에는 _____이/가 건물에 처음으로 설치되었으며, 지금과 같이 안전한 엘리베이터를 사용한 것은 19세기부터이다.

### 독해 정복!

**4** 엘리베이터가 발전한 순서대로 번호를 쓰세요.

(1) 상하좌우로 움직이는 엘리베이터 (　　　)
(2) 아르키메데스가 발명한 엘리베이터 (　　　)
(3) 베르사유 궁전에 설치된 엘리베이터 (　　　)
(4) 엘리샤 오티스가 발명한 안전장치가 부착된 엘리베이터 (　　　)

**5** 이 글을 읽고 알게 된 사실을 바르게 말하지 <u>못한</u> 친구를 찾아 이름을 쓰세요.

　　온유: 엘리베이터는 아주 오래전부터 사용했구나.
　　영진: '날아다니는 의자'라고 불리는 엘리베이터는 무척 안전했구나.
　　현성: 엘리샤 오티스의 발명으로 많은 사람들이 엘리베이터를 안전하게 이용할 수 있었구나.

(　　　　　)

## 사회 04

+중심 문장 은 중요하지 않은 내용을 삭제해서 문단의 중심 내용을 정리하라는 표시입니다.

### 어휘 뜻
*공용 주차장: 여러 사람이 공동으로 이용할 수 있는 주차장.
*교통량: 일정한 곳을 일정한 시간에 왕래하는 사람이나 차량 등의 수량.
*일상: 날마다 반복되는 생활.

# 도시의 교통 문제

1 산업이 발달하고 생활 수준이 향상되면서 많은 사람들이 도시에 모여 살게 되었다. 그러면서 교통 혼잡 문제, 주차 공간 부족 문제, 교통수단으로 인한 환경 오염 문제와 같은 도시의 교통 문제가 심각해지고 있다.

+중심 문장 (                    )가 심각해지고 있다.

2 도시의 교통 문제를 해결하기 위해서는 교통 시설을 늘려야 한다. 차가 더 많이 다닐 수 있도록 도로를 넓히고, 사람들이 더 편리하게 대중교통을 이용할 수 있도록 지하철역이나 버스 정류장을 추가로 설치한다. 또한 공용 주차장과 같은 주차 시설도 늘린다.

중심 문장 도시의 교통 문제를 해결하기 위해서는 (          )을 늘려야 한다.

3 도시의 교통 문제를 해결하기 위해서는 교통량도 줄여야 한다. 가까운 거리는 걸어 다니고 대중교통을 적극 이용하면 교통량을 줄이는 데 도움이 된다. 또한 일주일 중 하루를 정해서 해당 요일에는 차를 운행하지 않는 차량 요일제를 실시해도 교통량을 줄일 수 있다.

중심 문장 도시의 교통 문제를 해결하기 위해서는 (          )도 줄여야 한다.

4 친환경 교통수단을 이용하는 것도 도시의 교통 문제를 해결하는 또 다른 방법이다. 온실가스를 배출하지 않는 자전거 또는 전기 자동차나 전기 오토바이 등을 이용하면 교통수단으로 인한 환경 오염을 줄일 수 있다.

중심 문장 (          )을 이용하는 것도 도시의 교통 문제를 해결하는 또 다른 방법이다.

5 이처럼 도시의 교통 문제를 해결하는 방법에는 여러 가지가 있다. 사회 구성원 모두가 노력하여 도시의 교통 문제를 해결한다면 우리의 일상은 더 편리해질 것이다.

중심 문장 (          )가 노력하여 도시의 교통 문제를 해결한다면 우리의 일상은 더 편리해질 것이다.

---

**1** 빈칸에 알맞은 말을 넣어 이 글의 핵심어를 완성하세요.

(                              )을/를 해결하는 방법

**2** 이 글의 짜임에 맞게 주요 내용을 정리하세요.

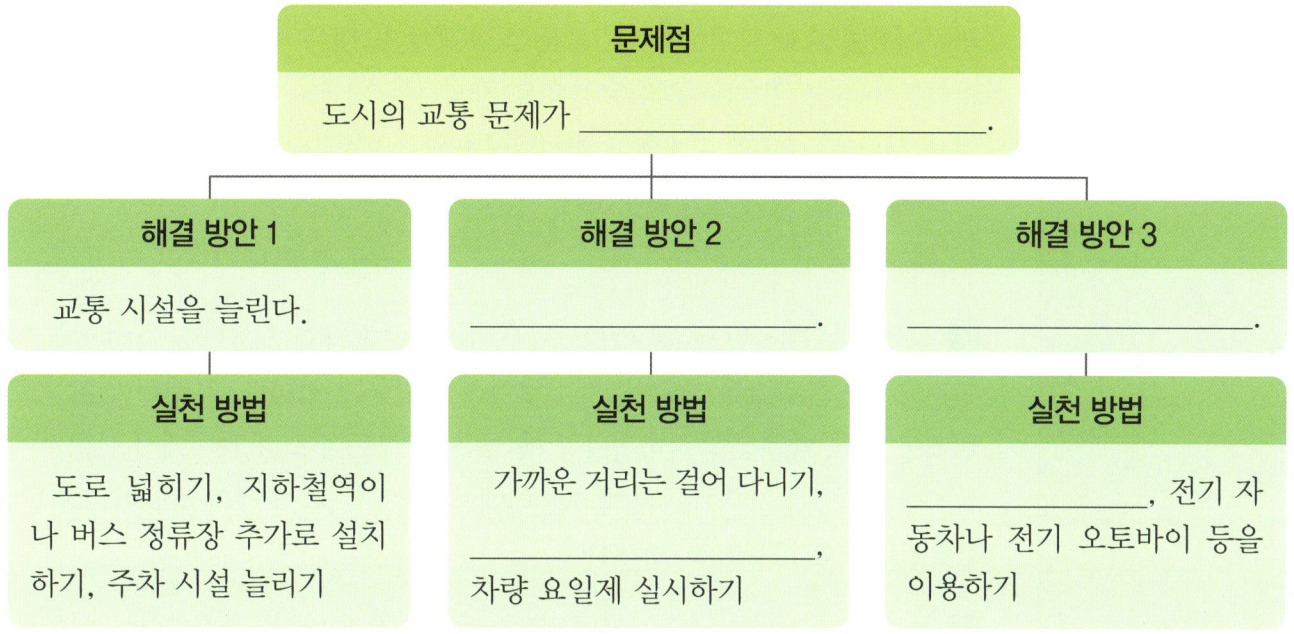

```
                        문제점
            도시의 교통 문제가 _____.

   해결 방안 1            해결 방안 2           해결 방안 3
 교통 시설을 늘린다.      _____.    _____.

     실천 방법              실천 방법            실천 방법
 도로 넓히기, 지하철역이   가까운 거리는 걸어    _____, 전기 자
 나 버스 정류장 추가로 설치  다니기, _____,  동차나 전기 오토바이 등을
 하기, 주차 시설 늘리기   차량 요일제 실시하기   이용하기
```

**3** 앞에서 정리한 내용을 바탕으로 이 글의 내용을 요약해 쓰세요.

> 도시의 교통 문제가 심각해지고 있다. _____, 친환경 교통수단을 이용하면 도시의 교통 문제를 해결할 수 있다.

 **독해 정복!**

**4** 이 글을 읽고 알 수 있는 내용이 <u>아닌</u> 것을 고르세요. (        )

① 대중교통의 뜻　　　　　　　　　② 친환경 교통수단의 예
③ 교통량을 줄이는 방법　　　　　　④ 도시의 교통 문제가 심각해진 까닭

**5** 다음 내용을 덧붙이기에 알맞은 문단의 번호를 쓰세요.

> 　목적지나 방향이 같은 사람들이 차량 한 대에 같이 타고 다니는 카풀을 하는 것도 교통량을 줄이는 방법이다.

(        )

# 05

**중심 문장**은 중요하지 않은 내용을 삭제해서 문단의 중심 내용을 정리하라는 표시입니다.

## 식당에서 일회용 물티슈를 사용하지 말자

① 위생에 대한 사람들의 관심이 높아지면서 식당 내 일회용 물티슈 사용에 대한 의견이 찬반으로 나뉘고 있다. 모든 식당에 손을 씻는 공간이 따로 마련되어 있지 않다는 이유로 일회용 물티슈 사용을 찬성하는 의견도 있다. 하지만 식당에서 일회용 물티슈 사용을 금지해야 한다. 식당에서 일회용 물티슈를 사용하면 다음과 같은 문제점이 발생하기 때문이다.

**중심 문장** 식당에서 (　　　　　　　　　　) 사용을 금지해야 한다.

② 첫째, 일회용 물티슈를 사용하면 환경이 오염된다. 식당에서 사용하는 일회용 물티슈에는 플라스틱 재질이 들어 있어서 재활용이 어렵다. 그래서 일반 쓰레기로 버려야 하며, 대부분 소각하거나 땅에 묻는다. 그런데 소각 과정에서 탄소가 배출되고, 땅에 묻었을 경우에는 분해되는 데에만 500년 가까이 걸려 토양이 오염된다.

**중심 문장** 첫째, 일회용 물티슈를 사용하면 (　　　　　　　　　　　　).

③ 둘째, 일회용 물티슈를 사용하면 위생에도 좋지 않다. 간편하다는 이유로 식당에서 일회용 물티슈로 손을 닦는 사람이 많다. 하지만 일회용 물티슈로는 손에 있는 세균을 모두 없애지 못한다. 물과 비누를 이용하여 손을 씻는 것이 훨씬 위생적이다.

**중심 문장** 둘째, 일회용 물티슈를 사용하면 (　　　　　　)에도 좋지 않다.

④ 셋째, 일회용 물티슈를 처리하는 데 막대한 비용이 발생한다. 한 전문 기관에서 작성한 보고서에 따르면 2022년 한 해 동안 식당용 물티슈 처리 비용이 약 355억 원 정도인 것으로 조사되었다. 쉽게 쓰고 버리는 일회용 물티슈의 사용을 금지하면 막대한 쓰레기 처리 비용도 아낄 수 있다.

**중심 문장** 셋째, (　　　　　　　　　　)하는 데 막대한 비용이 발생한다.

⑤ 이처럼 식당에서 무료로 제공하고 있는 일회용 물티슈는 환경이나 위생, 경제적인 면에서 도움이 되지 않는다. 그러므로 식당에서 일회용 물티슈를 사용하지 않도록 하자.

**중심 문장** 식당에서 일회용 물티슈를 (　　　　　　　　　　).

**어휘 뜻**
*소각하다: 불에 태워 없애버리다.
*막대하다: 더할 수 없이 많거나 크다.

**1** 빈칸에 알맞은 말을 넣어 이 글의 핵심어를 완성하세요.

식당에서 (　　　　　　　　　　)을/를 사용하는 문제

52

**2** 이 글의 짜임에 맞게 주요 내용을 정리하세요.

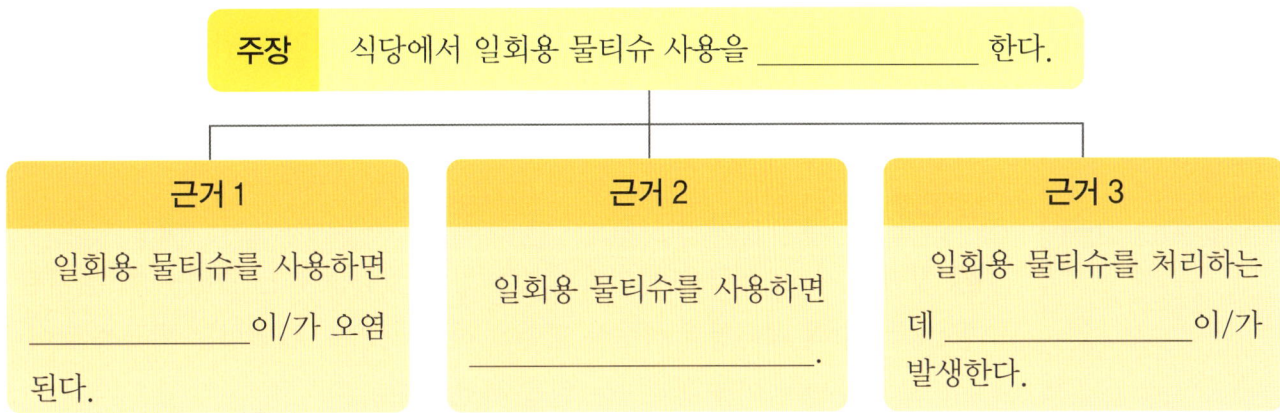

**3** 앞에서 정리한 내용을 바탕으로 이 글의 내용을 요약해 쓰세요.

식당에서 일회용 물티슈 사용을 금지해야 한다. 일회용 물티슈를 사용하면 _____ _____, 일회용 물티슈를 처리하는 데 막대한 비용이 발생하기 때문이다.

🔺 독해 정복!

**4** 글쓴이의 주장을 뒷받침하는 근거가 들어 있는 문단이 아닌 것을 고르세요. (    )

① 1문단　　　　② 2문단　　　　③ 3문단　　　　④ 4문단

**5** 이 글에 덧붙일 자료로 가장 알맞은 것에 ○표 하세요.

(1) 쓰레기를 소각하는 장면의 사진 (　　　)
(2) 비누 만드는 과정을 나타낸 그림 (　　　)
(3) 연도별로 일회용 컵 사용량 변화를 나타낸 그래프 (　　　)

## 사회 06

# 조선 시대의 공공 기관

**1** 조선 시대에도 공공 기관이 있었습니다. 공공 기관은 경찰서나 우체국, 보건소, 박물관처럼 개인이 아닌 사회 모든 사람들의 이익을 위해 일하는 기관으로, 주로 국가나 지방 자치 단체에서 세우거나 관리합니다. 그렇다면 조선 시대에는 어떤 공공 기관이 있었을까요?

**중심 문장** 조선 시대에도 (　　　　　　)이 있었습니다.

**2** 첫째, 나라의 세금을 관리하던 선혜청이 있었습니다. 광해군 때 설치된 선혜청은 오늘날의 국세청과 비슷한 역할을 하던 곳으로, 지역별로 세금을 쌀이나 베, 돈으로 *거두면서 이를 관리하는 일을 하였습니다.

**중심 문장** 첫째, (　　　　　　)을 관리하던 선혜청이 있었습니다.

**3** 둘째, 도둑이나 강도 같은 범죄자를 잡던 포도청이 있었습니다. '포청'이라고도 불렸던 포도청은 오늘날의 경찰서와 비슷한 역할을 하였습니다. 성종은 나라 곳곳에 도둑이 *들끓자 포도청을 만들어 백성들의 안전을 지키게 했습니다.

**중심 문장** 둘째, (　　　　　　)를 잡던 포도청이 있었습니다.

**4** 셋째, 가난한 사람의 병을 치료해 주던 혜민서가 있었습니다. 혜민서는 고려 시대의 의료 기관인 혜민국을 그대로 본떠 만든 기관으로, 오늘날의 보건소와 비슷한 역할을 하였습니다. 원래 이름은 '혜민고국'이었으나 태종 때 '혜민국'으로 고쳤다가 세조 때 백성에게 은혜를 베푸는 관청이라는 뜻의 '혜민서'로 이름을 바꾸었습니다.

**중심 문장** 셋째, (　　　　　　)을 치료해 주던 혜민서가 있었습니다.

**5** 넷째, 활인서도 가난한 사람의 병을 치료해 주던 기관이었습니다. 활인서도 오늘날의 보건소와 비슷한 역할을 했던 곳으로, 갈 곳이 없는 병자들을 돌보거나 전염병이 발생했을 때 임시로 *막사를 지어 환자를 간호하는 일을 하였습니다. 그리고 환자가 죽으면 땅에 묻어 주기도 하였습니다.

**중심 문장** 넷째, (　　　　　　)도 가난한 사람의 병을 치료해 주던 기관이었습니다.

**어휘 뜻**
*거두다: 여러 사람에게서 돈이나 물건 등을 받아들이다.
*들끓다: 여럿이 한곳에 모여 혼잡하게 마구 움직이다.
*막사: 천이나 나무 등을 이용해 임시로 간단하게 지은 집.

---

**1** 빈칸에 알맞은 말을 넣어 이 글의 핵심어를 완성하세요.

조선 시대의 (　　　　　　　　　　)

2  이 글의 짜임에 맞게 주요 내용을 정리하세요.

3  앞에서 정리한 내용을 바탕으로 이 글의 내용을 요약해 쓰세요.

> 조선 시대의 공공 기관에는 나라의 세금을 관리하던 선혜청, 범죄자를 잡던 포도청, _____ 이/가 있었습니다.

4  다음과 비슷한 역할을 했던 조선 시대의 공공 기관을 찾아 쓰세요.

(1) 경찰서: (　　　　　　　)
(2) 국세청: (　　　　　　　)
(3) 보건소: (　　　　　　　)

5  활인서에서 한 일로 알맞은 것을 찾아 기호를 쓰세요.

> ㉮ 도둑이나 강도를 잡았다.
> ㉯ 전염병에 걸린 환자를 간호했다.
> ㉰ 세금으로 들어온 쌀이나 베, 돈을 관리하였다.

(　　　　)

## 음악 07

## (　　　　　　　)

▲ 비올라(좌)와 바이올린(우)

① 비올라와 바이올린은 언뜻 보면 무척 닮았다. 하지만 비올라는 바이올린과 비슷하면서도 다르다. 비올라와 바이올린의 공통점과 차이점에 대해 살펴보자.

**중심 문장** 비올라와 바이올린의 공통점과 차이점에 대해 살펴보자.

② 비올라와 바이올린은 모두 나무로 만든 몸통과 네 개의 줄로 이루어져 있으며, 손과 팔, 턱, 어깨로 악기를 고정하고 활로 줄을 문질러서 소리를 낸다. 이처럼 비올라와 바이올린은 생김새와 연주법이 비슷하다.

**중심 문장** 비올라와 바이올린은 (　　　　　　　　　　)이 비슷하다.

③ 하지만 비올라와 바이올린은 소리가 다르다. 비올라는 따뜻하고 부드러운 소리를 내며, 바이올린보다 낮은 음을 낸다. 이에 비해 바이올린은 선명하고 맑은 소리를 내며, 현악기 중 가장 높은 음을 낸다.

**중심 문장** 비올라와 바이올린은 (　　　　　　)가 다르다.

④ 비올라와 바이올린은 크기도 다르다. 비올라는 연주자의 신체 특성에 따라 자유롭게 제작할 수 있지만, 바이올린은 크기가 *규격화되어 있다. 비올라의 몸통은 38센티미터에서 48센티미터까지 다양하지만, 일반적으로 성인이 사용하는 바이올린의 몸통은 약 35.5센티미터로, 비올라보다 조금 작다.

**중심 문장** 비올라와 바이올린은 (　　　　　　)도 다르다.

⑤ 비올라와 바이올린은 사용하는 악보도 다르다. 비올라는 *가온음자리표가 그려진 악보를 기본적으로 사용하고, 경우에 따라 높은음자리표가 그려진 악보를 사용한다. 바이올린보다 낮은 음을 내기 때문에 중간 *음역대를 나타내기에 알맞은 가온음자리표가 그려진 악보를 사용하는 것이다. 하지만 바이올린은 높은음자리표가 그려진 악보를 사용한다.

▲ 가온음자리표가 그려진 악보

**중심 문장** 비올라와 바이올린은 (　　　　　　)도 다르다.

### 어휘 뜻
*규격화되다: 표준으로 삼아 따르도록 수치나 형식이 정해져 그에 맞추어지다.
*가온음자리표: 높은음자리표와 낮은음자리표 사이에 있는 음자리표.
*음역대: 사람의 목소리나 악기가 낼 수 있는 최저 음에서 최고 음까지의 범위.

---

**1** 빈칸에 알맞은 말을 넣어 이 글의 핵심어를 완성하세요.

(　　　　　　　　　　　　　　)의 공통점과 차이점

**2** 이 글의 짜임에 맞게 주요 내용을 정리하세요.

| | | ( ) | 바이올린 |
|---|---|---|---|
| 공통점 | 생김새 | 나무로 만든 몸통과 _____. | |
| | ( ) | 손과 팔, 턱, 어깨로 악기를 고정하고 활로 줄을 문질러서 소리를 냄. | |
| 차이점 | 소리 | 따뜻하고 부드러운 소리를 내며, 바이올린보다 낮은 음을 냄. | _____, 현악기 중 가장 높은 음을 냄. |
| | 크기 | _____에 따라 자유롭게 제작할 수 있음. | 크기가 규격화되어 있음. |
| | 사용하는 악보 | _____이/가 그려진 악보와 높은음자리표가 그려진 악보를 사용함. | 높은음자리표가 그려진 악보를 사용함. |

**3** 앞에서 정리한 내용을 바탕으로 이 글의 내용을 요약해 쓰세요.

> 비올라와 바이올린의 공통점은 _____이/가 비슷하다는 것이다.
> 하지만 소리, _____이/가 다르다는 차이점도 있다.

▲ **독해 정복!**

**4** 이 글의 제목으로 알맞은 것을 고르세요. ( )

① 오케스트라의 구성  ② 바이올린과 비올라의 역사
③ 바이올린과 비올라의 구조  ④ 같은 듯 다른 비올라와 바이올린

**5** 이 글을 읽고 알게 된 사실로 알맞은 것을 찾아 ○표 하세요.

(1) 바이올린이 비올라보다 소리가 작다. ( )
(2) 비올라의 몸통이 바이올린의 몸통보다 더 크다. ( )
(3) 비올라가 가온음자리표가 그려진 악보를 사용하는 까닭은 연주법이 복잡하기 때문이다. ( )

# 08

## 고래를 보호하는 일은 지구를 지키는 일

**1** 2024년에 조사된 전 세계 고래 수는 약 130만 마리로, 100년 전에 비해 약 75퍼센트 정도가 감소된 것으로 나타났다. 사람들의 무분별한 포획*, 해양 오염, 선박과의 충돌, 기후 변화 등의 이유로 고래의 수가 감소한 것이다. 고래는 지구를 지키는 고마운 동물이다. 따라서 고래를 반드시 보호해야 한다. 고래를 보호해야 하는 까닭은 다음과 같다.

**중심 문장** (　　　　　)를 반드시 보호해야 한다.

**2** 첫째, 고래가 이산화 탄소를 줄여 주기 때문이다. 고래는 숨을 쉴 때마다 몸속에 이산화 탄소를 저장한다. 그리고 죽으면 그대로 바다 밑으로 가라앉기 때문에 고래 몸속에 있는 이산화 탄소 또한 수백 년 이상 바다 밖으로 배출되지 않는다. 고래 한 마리가 살면서 몸속에 저장하는 이산화 탄소의 양은 수천 그루의 나무가 흡수하는 이산화 탄소의 양과 같다. 그뿐만 아니라 영양분이 풍부한 고래의 배설물 또한 이산화 탄소를 흡수하는 식물성 플랑크톤의 먹이가 되기 때문에 이산화 탄소를 줄이는 데 도움이 된다. 이처럼 고래는 이산화 탄소 감소에 큰 역할을 한다.

**중심 문장** 첫째, 고래가 (　　　　　)를 줄여 주기 때문이다.

**3** 둘째, 고래가 해양 생태계의 균형을 유지해 주기 때문이다. 고래는 해양 생태계에서 상위* 포식자*에 해당한다. 그래서 고래의 수가 줄어들면 반대로 고래의 먹이가 되는 물고기나 오징어와 같은 생물들의 수가 증가하게 된다. 그렇게 되면 해양 생태계의 균형이 깨질 수도 있다.

**중심 문장** 둘째, 고래가 (　　　　　　　　)을 유지해 주기 때문이다.

**4** 지금까지 고래를 보호해야 하는 까닭에 대해 살펴보았다. 이산화 탄소를 줄이고 해양 생태계를 유지해 주는 고래를 보호하는 일은 지구를 지키는 일이다. 지구를 지키는 고래를 이제는 우리가 보호해야 한다.

**중심 문장** (　　　　　　　　)를 이제는 우리가 보호해야 한다.

### 어휘 뜻

* **포획**: 짐승이나 물고기를 잡음.
* **상위**: 높은 위치나 지위.
* **포식자**: 다른 동물을 먹이로 하는 동물.

**1** 빈칸에 알맞은 말을 넣어 이 글의 핵심어를 완성하세요.

(　　　　　)이/가 감소하는 문제

**2** 이 글의 짜임에 맞게 주요 내용을 정리하세요.

```
주장 _____.
        |
    ┌───┴───┐
  근거 1       근거 2
_____    고래가 해양 생태계의 균형을 유지해 주기
_____.   때문이다.
```

**3** 앞에서 정리한 내용을 바탕으로 이 글의 내용을 요약해 쓰세요.

> 고래를 보호해야 한다. 그 까닭은 고래가 이산화 탄소를 줄여 주고, _____ _____ 때문이다.

 독해 정복!

**4** 이 글에 대한 설명으로 알맞은 것을 모두 찾아 기호를 쓰세요.

> ㉮ 글쓴이는 고래를 보호해야 하는 까닭을 근거로 들었다.
> ㉯ ❹문단에 글쓴이가 생각하는 문제 상황이 드러나 있다.
> ㉰ ❶문단에 고래를 보호해야 한다는 글쓴이의 주장이 잘 드러나 있다.
> ㉱ ❷문단과 ❸문단을 읽고 고래의 종류와 왜 고래를 보호해야 하는지를 알 수 있다.

(   ,   )

**5** 이 글의 내용으로 알맞지 <u>않은</u> 것을 고르세요. (   )

① 고래는 해양 생태계에서 상위 포식자이다.
② 식물성 플랑크톤은 이산화 탄소를 흡수한다.
③ 고래는 숨을 쉴 때마다 이산화 탄소를 뱉어 낸다.
④ 죽은 고래의 몸속에 있는 이산화 탄소는 바다 밖으로 배출되지 않는다.

## 사회 09

# 저출산, 심각한 사회 문제

1 통계청이 발표한 자료에 따르면 2023년, 우리나라의 합계 출산율은 0.72명으로, *역대 최저치를 기록했습니다. 합계 출산율이란 여성 한 명이 낳을 것으로 예상되는 *출생아 수를 말합니다. 우리나라의 출생아 수는 2015년부터 계속 감소하고 있습니다. 이대로 가면 2750년쯤에 대한민국이 사라질 것이라는 *전망도 있습니다. 이처럼 저출산이 심각한 사회 문제가 되고 있습니다. 저출산이 계속되면 사회에 일할 사람이 줄어들어 나라의 경제가 어려워지고 세대 간에 갈등도 생깁니다. 저출산을 해결할 방법을 알아봅시다.

**중심 문장** (　　　　　　　　)을 해결할 방법을 알아봅시다.

2 첫째, 경제적 지원을 강화해야 합니다. 출산비나 양육비, 교육비가 *부담이 되지 않도록 국가나 지방 자치 단체 등에서 경제적 지원을 확대하고, *다자녀 가구가 경제적 혜택을 누릴 수 있도록 여러 가지 정책을 강화해야 합니다.

**중심 문장** 첫째, (　　　　　　　　)을 강화해야 합니다.

3 둘째, *육아 휴직 제도를 강화하고, 어린이집과 같은 *보육 시설과 보육 서비스를 확대해야 합니다. 기업에서는 부모가 어린아이를 직접 돌볼 수 있도록 육아 휴직 제도를 적극 시행해야 합니다. 또 아이들을 돌볼 수 있는 보육 시설과 서비스를 늘려 부모들이 일과 양육을 균형 있게 할 수 있도록 도움을 주어야 합니다.

**중심 문장** 둘째, 육아 휴직 제도를 강화하고 (　　　　　　　　　　　　)를 확대해야 합니다.

4 셋째, 주택 문제도 해결해야 합니다. 주택의 가격이 비싸 사람들이 쉽게 구입할 수가 없기 때문에 출산을 미루는 경우가 있습니다. 따라서 아이를 안정적으로 기를 수 있는 집을 마련할 수 있도록 주택 공급을 늘리고, 관련 제도를 고쳐야 합니다.

**중심 문장** 셋째, (　　　　　　　　)도 해결해야 합니다.

### 어휘 뜻

*역대: 대대로 이어 내려온 여러 대. 또는 그동안.
*출생아: 세상에 태어난 아기.
*전망: 앞날을 헤아려 내다봄. 또는 내다보이는 장래의 상황.
*부담: 어떠한 의무나 책임을 짐.
*다자녀 가구: 자녀가 많은 가구.
*육아 휴직: 만 8세 이하 또는 초등학교 2학년 이하의 자녀가 있는 근로자가 자녀 1명당 최대 1년 동안 일을 쉴 수 있는 제도.
*보육: 어린아이들을 돌보아 가르치고 기름.

---

**1** 빈칸에 알맞은 말을 넣어 이 글의 핵심어를 완성하세요.

저출산을 (　　　　　　　　　　　　)

**2** 이 글의 짜임에 맞게 주요 내용을 정리하세요.

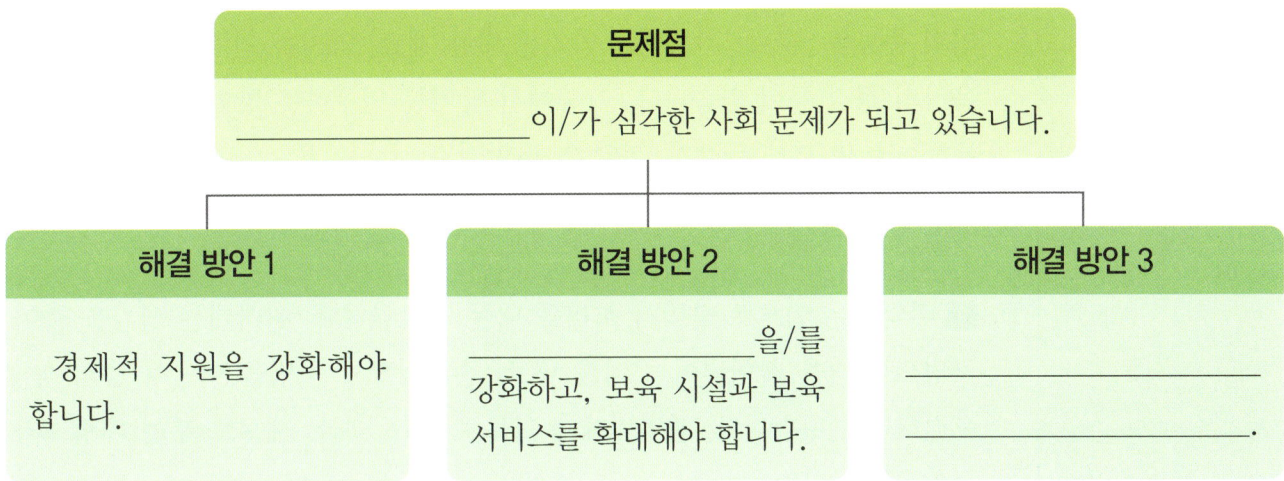

| 문제점 |
| --- |
| _____이/가 심각한 사회 문제가 되고 있습니다. |

| 해결 방안 1 | 해결 방안 2 | 해결 방안 3 |
| --- | --- | --- |
| 경제적 지원을 강화해야 합니다. | _____을/를 강화하고, 보육 시설과 보육 서비스를 확대해야 합니다. | _____. |

**3** 앞에서 정리한 내용을 바탕으로 이 글의 내용을 요약해 쓰세요.

> 저출산이 심각한 사회 문제가 되고 있습니다. 저출산을 해결하려면 경제적 지원을 강화해야 합니다. 그리고 _____
> _____, 주택 문제도 해결해야 합니다.

 독해 정복!

**4** 이 글에 대한 설명으로 알맞은 것을 모두 고르세요. (　　,　　)

① 합계 출산율의 뜻을 설명하고 있다.
② 저출산을 극복한 나라들을 소개하고 있다.
③ 세대 간의 갈등을 해결할 방법을 설명하고 있다.
④ 저출산이 계속되었을 때 일어날 문제점에 대해 설명하고 있다.

**5** 이 글을 읽고 말한 내용이 알맞은 친구에게 모두 ○표 하세요.

(1) **윤아**: 저출산이 계속되면 사회에 큰 위기가 올 수도 있겠구나. (　　)
(2) **이안**: 우리나라는 2023년부터 인구수가 조금씩 감소하고 있어. (　　)
(3) **승연**: 글쓴이는 주택 공급을 늘리면 저출산 문제가 해결될 것이라고 보고 있어. (　　)

# 국악기의 종류

**1** 우리나라 음악을 연주할 때 사용되는 악기를 통틀어 '국악기'라고 합니다. 국악기의 종류를 나누는 기준에는 악기를 만든 재료, 악기를 연주하는 방법, 연주하는 음악의 성격 등이 있습니다. 그중에서 악기를 연주하는 방법에 따라 국악기의 종류를 나누면 크게 관악기, 현악기, 타악기가 있습니다.

**중심 문장** 악기를 연주하는 방법에 따라 국악기의 종류를 나누면 크게 관악기, (　　　　　　)가 있습니다.

**2** 관악기는 입으로 불어서 소리를 내는 악기입니다. 관악기는 입김을 불어 넣는 구멍으로 숨을 불어넣어 소리를 내고, 손가락으로 구멍을 여닫아 음의 높낮이를 조절하며 연주합니다. 관악기에는 가로로 부는 대금, 세로로 부는 태평소와 피리 등이 있습니다.

**중심 문장** (　　　　　　)는 입으로 불어서 소리를 내는 악기입니다.

**3** 현악기는 줄을 튕기거나 활로 그어서 소리를 내는 악기입니다. 가야금과 거문고는 대표적인 현악기입니다. 12개의 줄을 가진 가야금은 손가락으로 직접 줄을 튕겨서 소리를 내고, 거문고는 대나무로 만든 막대기로 6개의 줄을 치거나 뜯어서 소리를 냅니다. 해금이나 아쟁 등도 현악기에 해당합니다. 해금은 두 줄 사이에 활을 넣어 연주하고, 아쟁은 7~10개의 줄을 막대기나 활로 문질러 연주합니다.

▲ 해금

**중심 문장** 현악기는 (　　　　　　)을 튕기거나 활로 그어서 소리를 내는 악기입니다.

**4** 타악기는 손이나 채로 쳐서 소리를 내는 악기입니다. 허리가 잘록한 통의 양쪽에 가죽을 붙인 장구는 한쪽은 손으로, 한쪽은 막대기 모양의 채로 쳐서 소리를 냅니다. 또한 쇠로 만든 둥근 모양의 꽹과리나 징도 나무로 된 채로 두들겨서 소리를 냅니다. 편종은 나무틀에 16개의 쇠종이 매달려 있는 악기로, 쇠뿔로 만든 망치로 두드려서 소리를 냅니다. 이 밖에도 국악기에는 다양한 타악기가 있습니다.

**중심 문장** 타악기는 손이나 (　　　　　　) 소리를 내는 악기입니다.

**어휘 뜻**

*통틀다: 있는 대로 모두 한데 묶다.
*여닫다: 문 등을 열고 닫고 하다.

**1** 빈칸에 알맞은 말을 넣어 이 글의 핵심어를 완성하세요.

　　　　　　악기를 연주하는 방법에 따라 나눈 국악기의 (　　　　　　)

**2** 이 글의 짜임에 맞게 주요 내용을 정리하세요.

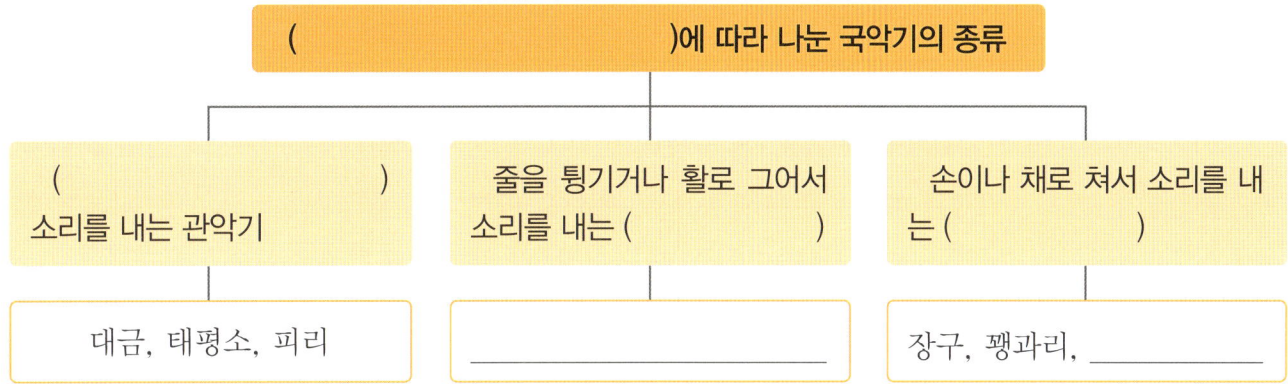

**3** 앞에서 정리한 내용을 바탕으로 이 글의 내용을 요약해 쓰세요.

악기를 연주하는 방법에 따라 나눈 국악기의 종류에는 _____
_____,
손이나 채로 쳐서 소리를 내는 타악기가 있습니다.

 독해 정복!

**4** 다음 설명에 해당하는 악기를 찾아 ○표 하세요.

- 나무틀에 16개의 쇠종이 매달려 있다.
- 쇠뿔로 만든 망치로 두드려서 소리를 낸다.

( 대금, 해금, 편종 )

**5** 이 글의 내용으로 알맞은 것의 기호를 쓰세요.

㉮ 거문고의 줄은 12개이고, 가야금의 줄은 6개이다.
㉯ 관악기, 현악기, 타악기는 악기 연주 방법에 따라 국악기를 나눈 것이다.
㉰ 대금은 세로로 부는 관악기이고, 태평소와 피리는 가로로 부는 관악기이다.

(              )

## 사회 11

### 사이버 폭력, 어떻게 해결할까?

**1** 정보 통신의 발달로 정보화 사회가 되면서 우리 생활은 무척 편리해졌지만 여러 가지 문제도 나타나고 있다. 그중에서 모바일 메신저나 누리 소통망 서비스(SNS) 등에서 이루어지는 사이버 폭력이 날로 심각해지고 있다. 사이버 폭력은 상대방이 원하지 않는 글이나 사진 등을 \*일방적으로 전달하여 압박을 느끼게 하거나 피해를 주는 행동으로, 폭력을 당한 사람에게 정신적으로 큰 피해를 입힐 수 있다. 따라서 사이버 폭력이 일어나지 않도록 노력해야 한다.

**중심 문장** (　　　　　　　　)이 일어나지 않도록 노력해야 한다.

**2** 사이버 폭력이 일어나지 않게 하려면 먼저 온라인 안전 교육을 강화해야 한다. 학생뿐만 아니라 부모나 교사들에게도 온라인 안전 교육을 실시하여 사이버 폭력의 위험성을 알리고 올바른 인터넷 사용 습관을 가르쳐야 한다. 또한 학교와 정부, 관련 단체 등이 서로 협력하여 사이버 폭력 예방 프로그램을 개발하는 것도 필요하다.

**중심 문장** 사이버 폭력이 일어나지 않게 하려면 먼저 (　　　　　　　　)을 강화해야 한다.

**3** 관련 법과 정책을 강화하는 것도 필요하다. 관련 법과 정책을 강화하면 사이버 폭력을 당하는 사람을 보호할 수 있어 사이버 폭력 해결에 도움이 될 수 있다. 이미 미국이나 호주, 캐나다 등의 나라에서는 사이버 폭력에 대한 법률을 강화하는 \*추세이다. 미국의 한 주에서는 사이버 폭력을 저지른 사람에게 90일 이하의 \*징역을 선고하거나 1,000달러 이하의 벌금을 내도록 하고 있다. 이처럼 우리나라도 사이버 폭력에 대한 규제를 더욱 강화해야 한다.

**중심 문장** 관련 (　　　　　　　　)을 강화하는 것도 필요하다.

**4** 사이버 공간은 우리가 만들어 가는 곳이다. 따라서 어떻게 사용하느냐에 따라 아름다운 곳이 될 수도 있고, 무서운 곳이 될 수도 있다. 사이버 공간이 폭력 없는 아름다운 곳이 될 수 있도록 모두가 노력하자.

**중심 문장** (　　　　　　　　)이 폭력 없는 아름다운 곳이 될 수 있도록 모두가 노력하자.

### 어휘 뜻

\***일방적**: 어느 한쪽으로 치우친 것.

\***추세**: 어떤 현상이 일정한 방향으로 나아가는 경향.

\***징역**: 죄인을 교도소에 가두어 노동을 시키는 형벌.

---

**1** 빈칸에 알맞은 말을 넣어 이 글의 핵심어를 완성하세요.

(　　　　　　　　)을/를 해결하는 방법

**2** 이 글의 짜임에 맞게 주요 내용을 정리하세요.

문제점
_____이/가 날로 심각해지고 있다.

해결 방안 1
온라인 안전 교육을 강화해야 한다.

해결 방안 2
_____.

실천 방법
• 학생과 부모, 교사들에게 _____ 실시
• 학교와 정부, 관련 단체 등이 협력하여 사이버 폭력 예방 프로그램 개발

**3** 앞에서 정리한 내용을 바탕으로 이 글의 내용을 요약해 쓰세요.

사이버 폭력이 날로 심해지고 있다. 사이버 폭력을 해결하려면 _____
_____을/를 강화해야 한다.

 독해 정복!

**4** 글쓴이의 주장으로 알맞은 것을 고르세요. (    )

① 개인 정보를 보호하자.
② 인터넷 사용 시간을 줄이자.
③ 학교 폭력 대책을 마련하자.
④ 사이버 폭력이 일어나지 않도록 노력하자.

**5** 이 글의 내용으로 알맞지 <u>않은</u> 것을 고르세요. (    )

① 상대방이 원하지 않는 사진을 보내는 것도 사이버 폭력이다.
② 사이버 폭력은 정보화 사회에서 일어나는 문제 중 하나이다.
③ 미국, 호주와 같은 나라에서는 사이버 폭력이 감소하고 있다.
④ 사이버 폭력을 당한 사람은 정신적으로 큰 피해를 입을 수 있다.

## 과학 12

### 저울은 어떻게 발전하여 왔을까요?

**1** 저울은 물체의 무게를 측정하는 데 사용하는 기구로, 먼 옛날부터 오늘날까지 무역이나 의료 등 다양한 분야에서 사용되어 왔습니다. 저울은 어떻게 발전하여 왔을까요? 저울의 발전 과정에 대해 알아봅시다.

**중심 문장** (                              )에 대해 알아봅시다.

**2** *인류 최초의 저울은 고대 이집트 때 사용했던 양팔저울입니다. 양팔저울은 양쪽에 달려 있는 접시 위에 물체를 올려놓고 무게를 측정하는 방식의 저울입니다. 고대 이집트의 벽화 중에 죽은 사람을 *인도하는 신이 양팔저울을 이용하여 무게를 재는 그림이 있는데, 이것을 통해 고대 이집트 때 양팔저울이 사용되었음을 짐작할 수 있습니다.

**중심 문장** 인류 최초의 저울은 (                    ) 때 사용했던 양팔저울입니다.

**3** 1770년경에는 용수철을 이용한 용수철저울이 등장하였습니다. 용수철저울은 용수철이 늘어지는 길이를 보고 무게를 측정하는 방식의 저울입니다. 영국에서 처음 사용한 용수철저울은 편리하지만 정확하지 않고, 너무 무겁거나 가벼운 물체의 무게는 잴 수가 없습니다.

**중심 문장** 1770년경에는 (                    )이 등장하였습니다.

**4** 20세기에는 전자저울이 등장하였습니다. 전자저울은 물체의 무게를 디지털 숫자로 나타내 주는 방식의 저울입니다. 전자저울은 양팔저울이나 용수철저울에 비해 물체의 무게를 쉽고 정확하게 측정할 수 있습니다. 특히 아주 작은 크기의 물체의 무게도 측정할 수 있는 *고정밀 전자저울은 과학 연구에 필수적으로 활용되고 있습니다.

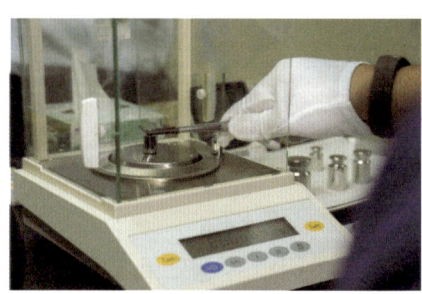

**중심 문장** (                    )에는 전자저울이 등장하였습니다.

### 어휘 뜻
*인류: 세계의 모든 사람.
*인도하다: 길이나 장소를 안내하다.
*고정밀: 정교하고 치밀하여 빈틈이 없고 자세한 정도가 높음.

---

**1** 빈칸에 알맞은 말을 넣어 이 글의 핵심어를 완성하세요.

저울의 (                                      )

**2** 이 글의 짜임에 맞게 주요 내용을 정리하세요.

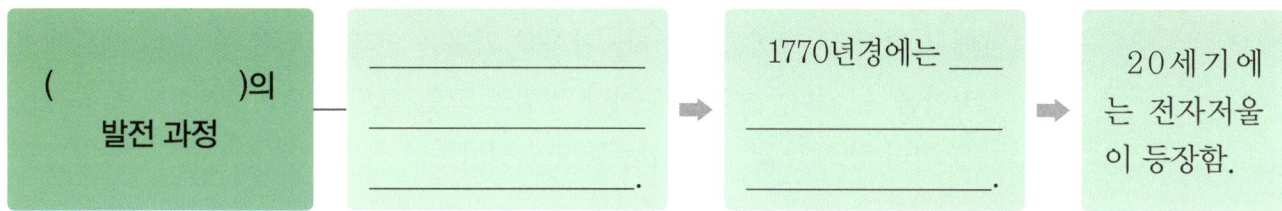

**3** 앞에서 정리한 내용을 바탕으로 이 글의 내용을 요약해 쓰세요.

> 인류 최초의 저울은 고대 이집트 때 사용했던 양팔저울입니다. _____
> _____이/가 등장하였습니다.

 독해 정복!

**4** 이 글의 내용으로 알맞지 <u>않은</u> 것을 고르세요. (　　　)

① 용수철저울은 과학 연구에 필수적으로 활용되고 있다.
② 전자저울은 물체의 무게를 디지털 숫자로 나타내 준다.
③ 저울은 먼 옛날부터 오늘날까지 다양한 분야에서 사용되어 왔다.
④ 고대 이집트 벽화를 통해 인류가 처음으로 양팔저울을 사용했음을 짐작할 수 있다.

**5** 다음 설명에 해당하는 저울은 무엇인지 쓰세요.

> • 사용하기에 편리하다.
> • 영국에서 처음 사용했다.
> • 너무 가볍거나 무거운 물체의 무게는 잴 수 없다.

(　　　　　　)

## 13

## 판에 찍어 낸 그림, 판화

**1** 판화란 나무, 금속, 돌로 된 판에 그림을 새기고 색을 칠한 뒤에 종이나 천을 대고 찍어 낸 그림을 말한다. 판화의 *기법은 인쇄와 도장 등 우리 생활에서 쉽게 찾아볼 수 있다. 판화는 붓이나 연필로 그린 그림과 달리 판 하나로 똑같은 그림을 여러 장 제작할 수 있다는 특징이 있다.

**중심 문장** (　　　　　　　　　)란 나무, 금속, 돌로 된 판에 그림을 새기고 색을 칠한 뒤에 종이나 천을 대고 찍어 낸 그림을 말한다.

**2** 판화의 종류는 제작 방법에 따라 볼록 판화, 오목 판화, 평판화, 공판화로 나눌 수 있다. 볼록 판화는 판의 볼록한 부분에 잉크를 묻혀서 찍어 내는 판화이다. 볼록 판화의 표현 방법에는 나타내려고 하는 그림 이외의 부분을 파 내어 그림 부분에만 잉크를 묻게 하여 찍어 내는 양각, 나타내려고 하는 그림을 파 내어 나머지 부분에만 잉크를 묻게 하여 찍어 내는 음각이 있다. 볼록 판화는 색의 *대비가 선명한 것이 특징이다.

**중심 문장** (　　　　　　　　)는 판의 볼록한 부분에 잉크를 묻혀서 찍어 내는 판화이다.

**3** 오목 판화는 판의 오목한 부분에 잉크를 묻혀서 찍어 내는 판화이다. 주로 금속판이나 아크릴판을 뾰족한 도구로 파 내고, 그 *홈에 잉크를 채워 넣어서 찍는 오목 판화는 가늘고 섬세한 선을 표현할 수 있다.

**중심 문장** (　　　　　　　　)는 판의 오목한 부분에 잉크를 묻혀서 찍어 내는 판화이다.

**4** 평판화는 평평한 판에 그림을 그려 찍어 내는 판화이다. 평판화는 판을 깎는 것이 아니라 평평한 판에 기름기가 있는 크레용 등으로 직접 그림을 그린 뒤 찍어 낸다. 따라서 직접 그림을 그린 것 같은 효과가 있다.

**중심 문장** 평판화는 (　　　　　　　　)에 그림을 그려 찍어 내는 판화이다.

**5** 공판화는 판에 구멍을 뚫고 구멍에 잉크를 통과시켜 찍어 내는 판화이다. 볼록 판화, 오목 판화, 평판화와는 다르게 공판화는 판과 찍힌 그림의 좌우가 바뀌지 않는다.

**중심 문장** 공판화는 판에 구멍을 뚫고 (　　　　　　　　)에 잉크를 통과시켜 찍어 내는 판화이다.

**어휘 뜻**
*기법: 기교를 나타내는 방법.
*대비: 예술 작품에서 어떤 요소의 특질을 강조하기 위해 그와 상반되는 형태, 색채, 톤을 배치하는 일.
*홈: 물체에 오목하고 길게 팬 줄.

**1** 이 글의 핵심어를 쓰세요.

(　　　　　　　)

**2** 이 글의 짜임에 맞게 주요 내용을 정리하세요.

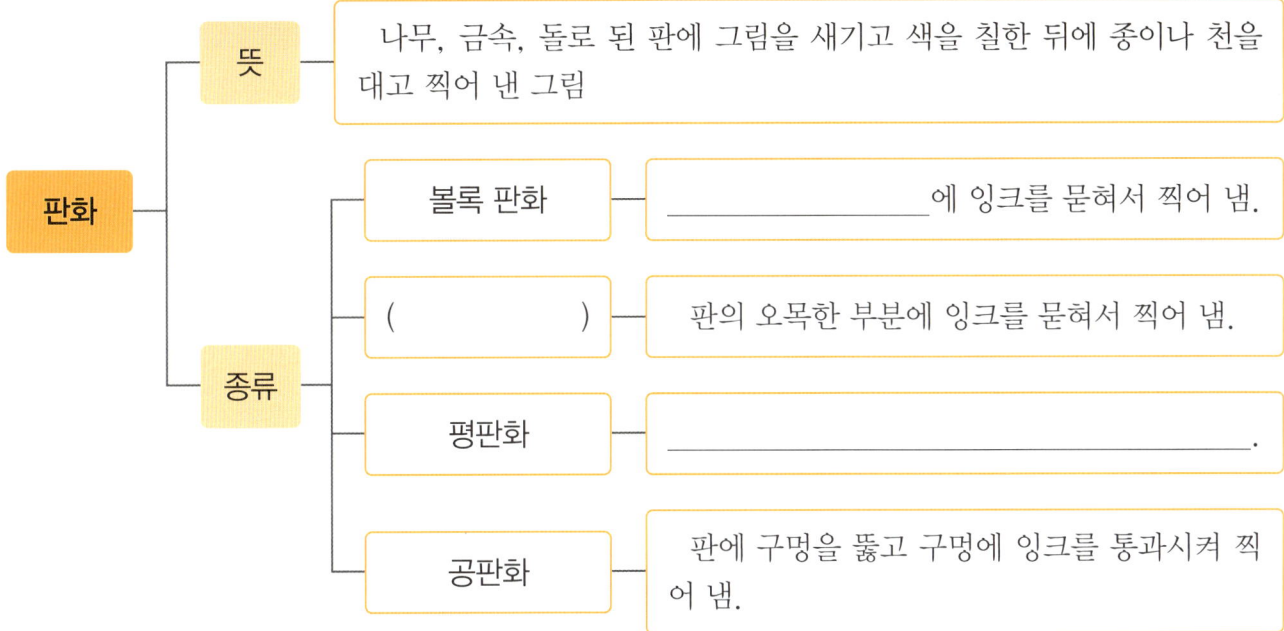

**3** 앞에서 정리한 내용을 바탕으로 이 글의 내용을 요약해 쓰세요.

> 판화는 나무, 금속, 돌로 된 판에 그림을 새기고 색을 칠한 뒤에 종이나 천을 대고 찍어 낸 그림을 말한다. _____에는 판의 볼록한 부분에 잉크를 묻혀서 찍어 내는 볼록 판화, _____, 평평한 판에 그림을 그려 찍어 내는 평판화, _____ _____이/가 있다.

 독해 정복!

**4** 다음과 같은 특징을 가진 판화의 종류는 무엇인지 쓰세요.

(1) 색의 대비가 선명하다. (　　　　　)
(2) 가늘고 섬세한 선을 표현할 수 있다. (　　　　　)
(3) 직접 그림을 그린 것 같은 효과가 있다. (　　　　　)
(4) 판과 찍힌 그림의 좌우가 바뀌지 않는다. (　　　　　)

# 무서운 자연재해, 토네이도와 태풍

**1** 2024년 5월에 토네이도가 미국 중부 지역을 덮쳐 수많은 사람이 죽고 건물이 부서지는 등 큰 피해가 발생했다. 2022년 9월에는 태풍 힌남노가 우리나라를 지나가면서 막대한 피해를 입혔다. 이처럼 토네이도와 태풍은 무서운 자연재해로, 아래쪽에 있던 따뜻한 공기가 상승하며 발생한다는 점이 같지만 다른 점도 있다.

> **중심 문장** 토네이도와 태풍은 무서운 자연재해로, (　　　　　　　)가 상승하며 발생한다는 점이 같지만 다른 점도 있다.

**2** 먼저, 토네이도는 주로 봄에서 초여름 사이에 발생하지만, 태풍은 주로 여름에서 가을 사이에 발생한다. 토네이도는 주로 3~6월 사이에 집중적으로 발생한다. 반면에 태풍은 주로 7~10월 사이에 발생한다.

> **중심 문장** 토네이도는 주로 봄에서 초여름 사이에 발생하지만, 태풍은 (　　　　　　) 사이에 발생한다.

**3** 다음으로, 토네이도는 주로 육지에서 발생하지만, 태풍은 주로 바다에서 발생한다. 토네이도는 대부분 미국 중부나 호주 등 넓은 평지에서 발생한다. 우리나라처럼 산맥이 많은 곳에서는 발생 가능성이 낮고, 발생하더라도 약한 편이다. 태풍은 주로 북태평양 서쪽에서 발생하며 바람을 타고 우리나라나 일본, 중국과 같은 육지로 향한다.

> **중심 문장** 토네이도는 주로 (　　　　　)에서 발생하지만, 태풍은 (　　　　　)에서 발생한다.

**4** 토네이도는 크기가 작고 지속 시간이 짧지만, 태풍은 크기가 크고 지속 시간이 길다. 토네이도는 반경이 수백 미터 정도이고 몇 시간 내에 소멸되지만, 짧은 시간 동안 발생 지역에 큰 피해를 입힌다. 하지만 태풍은 반경이 수백 킬로미터이고, 며칠 또는 몇 주간 지속되다가 소멸된다.

> **중심 문장** 토네이도는 크기가 작고 (　　　　　　　), 태풍은 크기가 크고 지속 시간이 길다.

토네이도 ▶

◀ 태풍

**어휘 뜻**
*지속: 어떤 일이나 상태가 오래 계속됨. 또는 어떤 일이나 상태를 오래 계속함.
*반경: 원이나 구의 중심에서 그 둘레나 면의 한 점까지 이어지는 선분. 또는 그 선분의 길이.
*소멸되다: 사라져 없어지게 되다.

**1** 빈칸에 알맞은 말을 넣어 이 글의 핵심어를 완성하세요.

(　　　　　　　　　　　)의 같은 점과 다른 점

**2** 이 글의 짜임에 맞게 주요 내용을 정리하세요.

|  | 토네이도 | ( ) |
|---|---|---|
| 같은 점 | • 무서운 자연재해임.<br>• 따뜻한 공기가 상승하며 발생함. | |
| 다른 점 | • 주로 봄에서 초여름 사이에 발생함.<br>• 주로 육지에서 발생함.<br>• _____. | • 주로 여름에서 가을 사이에 발생함.<br>• _____.<br>• 크기가 크고 지속 시간이 긺. |

**3** 앞에서 정리한 내용을 바탕으로 이 글의 내용을 요약해 쓰세요.

> 토네이도와 태풍은 무서운 자연재해로, _____
> _____ 점이 같다. 그러나 토네이도는 주로 봄에서 초여름 사이에 육지에서
> 발생하며 크기가 작고 지속 시간이 짧지만, 태풍은 _____
> _____ 크기가 크고 지속 시간이 길다는 점이 다르다.

**독해 정복!**

**4** 토네이도는 주로 어디에서 발생하는지 고르세요. ( )

① 넓은 평지  ② 북태평양 서쪽
③ 산맥이 많은 곳  ④ 사람이 많이 사는 곳

**5** 이 글을 읽고 자신의 생각을 바르게 말한 친구를 찾아 이름을 쓰세요.

> 찬기: 토네이도가 태풍보다 훨씬 큰 피해를 입히는구나.
> 성원: 태풍이 토네이도보다 훨씬 더 자주 발생하는구나.
> 선정: 태풍은 토네이도보다 오랫동안 넓은 지역에 걸쳐 피해를 줄 수 있겠구나.

( )

# 15

## 여행자와 현지인 모두가 행복한 공정 여행

**1** 코로나 19 대유행 이후로 공정 여행에 대한 관심이 높아지고 있다. 공정 여행이란 무엇인지 자세히 알아보자.

**중심 문장** 공정 여행이란 무엇인지 자세히 알아보자.

**2** 공정 여행이란 환경을 파괴하지 않고 현지의 문화를 존중하며 현지인들에게도 이익을 주는 여행이다. 공정 여행을 통해 여행자는 그 나라의 문화를 체험할 수 있다. 또 현지인이 운영하는 숙소를 이용하는 등의 방법으로 현지인에게 적절한 비용을 내기 때문에 현지인들도 경제적 이익을 얻을 수 있다. 그리고 비행기 대신 버스나 도보를 이용하는 것을 권장하기 때문에 환경도 보호할 수 있다.

**중심 문장** 공정 여행이란 환경을 파괴하지 않고 (　　　　　　　　　　) 현지인들에게도 이익을 주는 여행이다.

**3** 공정 여행이 시작된 까닭은 환경 오염이나 문화유산 훼손처럼 여행 과정에서 발생하는 문제를 막고 현지인들에게 도움을 주기 위해서이다. 유명 여행지에서는 여행자들의 무분별한 행동으로 자연환경이나 문화유산이 훼손되고 있다. 또한 많은 사람들이 여행지에서 돈을 쓰고 있지만 일부 현지인들은 여전히 가난하다. 관광 수익의 대부분이 선진국의 기업들이 운영하는 항공사나 호텔 등에 돌아가기 때문이다. 이러한 문제를 해결할 방안으로 떠오른 것이 공정 여행이다.

**중심 문장** 공정 여행이 시작된 까닭은 (　　　　　　　　　　)를 막고 현지인들에게 도움을 주기 위해서이다.

**4** 공정 여행을 위해서 여행자는 다양한 노력을 해야 한다. 첫째, 여행지의 환경을 보호한다. 여행자는 비행기 이용을 줄이고, 멸종 위기에 놓인 동식물로 만든 기념품을 사지 않는 등의 노력을 해야 한다. 둘째, 여행지의 문화를 존중한다. 여행자는 여행할 나라의 인사말 등을 배우고, 현지인의 종교와 생활 방식을 존중한다. 셋째, 현지인에게 경제적 이익이 돌아가게 한다. 현지인이 운영하는 식당을 이용하고, 현지인이 만든 물건을 사는 등의 방법으로 여행지에서 쓰는 돈이 현지인에게 돌아가게 한다.

**중심 문장** 공정 여행을 위해서 (　　　　　　)는 다양한 노력을 해야 한다.

**어휘 뜻**
- *현지인: 그 지역에 터전을 두고 사는 사람.
- *도보: 탈것을 타지 않고 걸어감.
- *권장하다: 권하여 장려하다.

**1** 이 글의 핵심어를 쓰세요.

(　　　　　　)

**2** 이 글의 짜임에 맞게 주요 내용을 정리하세요.

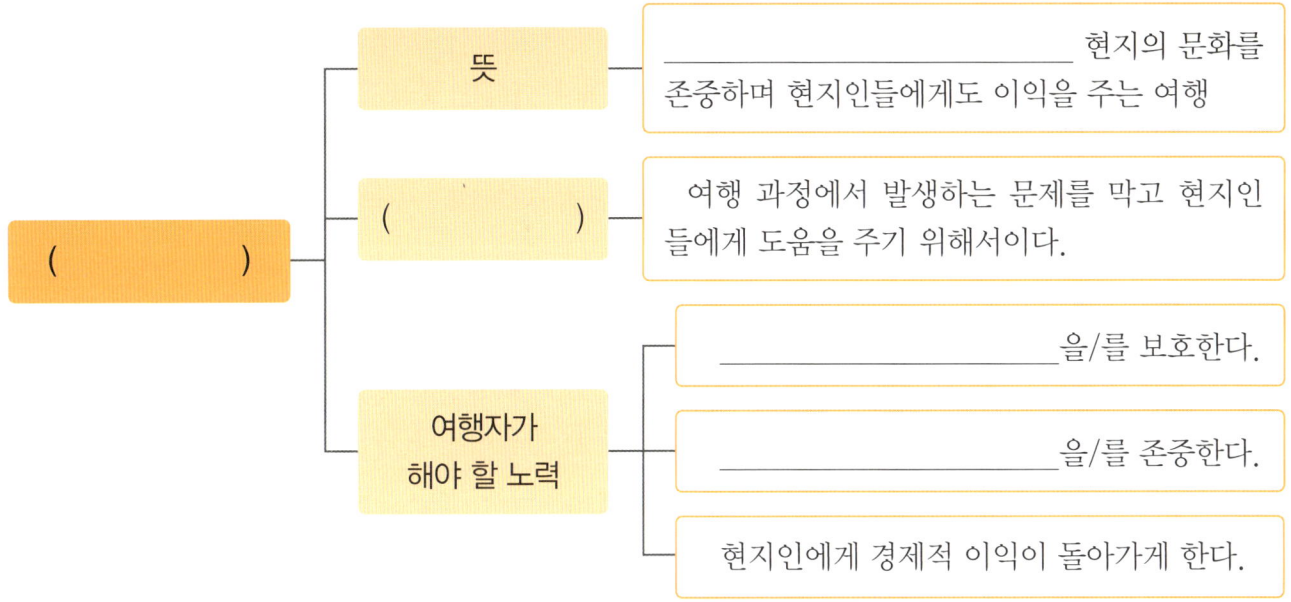

**3** 앞에서 정리한 내용을 바탕으로 이 글의 내용을 요약해 쓰세요.

_____(이)란 환경을 파괴하지 않고 현지의 문화를 존중하며 현지인들에게도 이익을 주는 여행을 말한다. 공정 여행이 시작된 까닭은 _____ _____ 현지인들에게 도움을 주기 위해서이다. 공정 여행을 위해서 여행자는 여행지의 환경을 보호하기, _____ _____과/와 같은 노력을 해야 한다.

🔺 **독해 정복!**

**4** 공정 여행을 한 친구를 찾아 이름을 쓰세요.

시윤: 버스 대신 비행기를 타고 여행을 했어.
예건: 작년 가족 여행 때 현지인이 운영하는 숙소에서 잤어.
수현: 해외여행 갔을 때 멸종 위기에 놓인 코끼리의 상아로 만든 물건을 샀어.

( _____ )

## 과학 16

# 증발과 끓음

**1** 물은 액체이지만 증발이나 끓음을 통해서 기체로 변하기도 한다. 증발은 액체의 *표면에서 액체가 기체로 상태가 변하는 것을 말하고, 끓음은 액체의 표면뿐만 아니라 내부에서도 기체로 상태가 변하는 것을 말한다. 증발과 끓음은 같은 점도 있지만 다른 점도 있다. 증발과 끓음의 같은 점과 다른 점을 구체적으로 살펴보자.

중심 문장 (                    )의 같은 점과 다른 점을 구체적으로 살펴보자.

**2** 젖은 옷을 햇볕에 널어 두면 옷이 마르는데, 이는 증발이 일어났기 때문이다. 젖은 옷에 있던 물이 기체인 수증기로 변하면서 옷이 마르는 것이다. 한편 국을 계속 *가열하면 국물에 공기 방울이 생기는데, 이는 끓음이 일어났기 때문이다. 공기 방울은 액체가 기체로 변할 때 만들어진다. 이처럼 증발과 끓음은 액체가 기체로 상태가 변한다는 점이 같다.

중심 문장 (                                        ).

**3** 하지만 증발은 액체의 표면에서 상태 변화가 일어나지만 끓음은 액체의 표면과 내부에서 상태 변화가 일어난다는 점이 다르다. 방 안에 물그릇을 놓아두면 어떻게 될까? 증발 현상이 일어나 물의 표면에서 물이 수증기로 변해 공기 중으로 흩어진다. 이번에는 냄비에 물을 끓였을 때를 생각해 보자. 처음에는 표면의 물이 서서히 증발하다가 시간이 지나면 물속에 생긴 공기 방울이 올라오는데 이것을 통해 물의 표면과 내부에서 상태가 변했음을 알 수 있다.

중심 문장 증발은 (            )에서 상태 변화가 일어나지만 끓음은 액체의 표면과 내부에서 상태 변화가 일어난다는 점이 다르다.

**4** 증발이 일어날 때는 액체의 양이 천천히 줄어들지만, 끓음이 일어날 때는 액체의 양이 빠르게 줄어든다는 점도 다르다. 같은 시간 동안 증발이 일어날 때보다 끓음이 일어날 때 액체의 양이 더 빠르게 줄어든다.

중심 문장 증발이 일어날 때는 액체의 양이 천천히 줄어들지만, (            )는 액체의 양이 빠르게 줄어든다는 점도 다르다.

### 어휘 뜻

*표면: 사물의 가장 바깥쪽. 또는 가장 윗부분.

*가열하다: 어떤 물질에 뜨거운 열을 가하다.

---

**1** 빈칸에 알맞은 말을 넣어 이 글의 핵심어를 완성하세요.

(                              )의 같은 점과 다른 점

**2** 이 글의 짜임에 맞게 주요 내용을 정리하세요.

(        )                 (            )

- 액체의 표면에서 상태 변화가 일어남.
- 액체의 양이 천천히 줄어듦.

- _____.
- _____.

- _____.
- _____.

**3** 앞에서 정리한 내용을 바탕으로 이 글의 내용을 요약해 쓰세요.

> 증발과 끓음은 액체가 기체로 상태가 변한다는 점이 같다. _____, 끓음은 액체의 표면과 내부에서 상태 변화가 일어나고 액체의 양이 빠르게 줄어든다는 점이 다르다.

독해 정복!

**4** 이 글의 내용으로 알맞은 것을 고르세요. (      )

① 증발은 액체의 표면에서 일어난다.
② 증발이나 끓음을 통해 기체가 액체로 변하기도 한다.
③ 증발은 액체 내부에서 액체가 기체로 상태가 변하는 것이다.
④ 증발과 끓음은 기체가 액체로 상태가 변한다는 공통점이 있다.

**5** 다음은 증발과 끓음 중 무엇과 관련된 예인지 쓰세요.

(1) 젖은 옷을 햇볕에 널어 두면 옷이 마른다. (          )
(2) 국을 가열하면 국물에 공기 방울이 생긴다. (          )

## 사회 17

# (　　　　　　)

1️⃣ 우리나라 화폐에는 역사적 인물들이 그려져 있다. 두루미가 그려져 있는 오백 원, 벼 이삭이 그려져 있는 오십 원, 다보탑이 그려져 있는 십 원을 제외한 나머지 화폐에는 모두 조선 시대에 살았던 역사적 인물들의 얼굴이 그려져 있다.

**중심 문장** 우리나라 화폐에는 (　　　　　　)이 그려져 있다.

2️⃣ 오만 원권에는 신사임당이 그려져 있다. 신사임당은 오천 원권에 그려진 율곡 이이의 어머니이자 자녀들을 훌륭하게 키워 낸 인물로 유명하다. 또한 조선 시대를 대표하는 예술가로서 여러 편의 아름다운 시와 그림들을 남겼다.

**중심 문장** 오만 원권에는 (　　　　　　)이 그려져 있다.

3️⃣ 만 원권에는 조선의 네 번째 왕인 세종 대왕이 그려져 있다. 세종 대왕은 우리나라 역사상 가장 존경받는 인물 중 하나이다. 세종 대왕은 백성들을 위해 한글을 창제했으며 정치와 경제, 과학, 문화 등 여러 분야에서 훌륭한 업적을 쌓았다.

**중심 문장** (　　　　　　　　　　　　　　　　　　　　　　　　).

4️⃣ 오천 원권과 천 원권에는 각각 율곡 이이와 퇴계 이황이 그려져 있다. 이이와 이황은 조선 시대의 대표적인 학자로 유학의 발전에 큰 영향을 미쳤다.

**중심 문장** 오천 원권과 천 원권에는 각각 (　　　　　　)와 퇴계 이황이 그려져 있다.

5️⃣ 백 원짜리 동전에는 이순신이 그려져 있다. 이순신은 임진왜란과 정유재란 때 바다에서 일본군을 크게 무찌른 장군이다. 이순신은 일본군과 전투를 할 때마다 항상 승리하여 나라를 잃을 위기에 놓인 조선을 구했다.

**중심 문장** 백 원짜리 동전에는 (　　　　　　)이 그려져 있다.

6️⃣ 지금까지 우리나라 화폐에 그려진 인물들에 대해 알아보았다. 액수가 큰 화폐에 그려진 인물이라고 해서 그 인물의 업적이 더 뛰어난 것은 아니다. 우리나라 화폐에 그려진 인물들 모두 위대한 업적을 남기고 많은 사람들에게 존경을 받는 위인들이다.

**중심 문장** 우리나라 화폐에 그려진 인물들 모두 (　　　　　　)을 남기고 많은 사람들에게 존경을 받는 위인들이다.

### 어휘 뜻
***화폐**: 물건을 사고팔 때 물건 값으로 주고받는 종이나 쇠붙이 등으로 만든 돈.
***창제하다**: 전에 없던 것을 처음으로 만들거나 정하다.
***유학**: 중국 공자의 가르침을 바탕으로 정치와 도덕을 다루는 학문.
***임진왜란**: 1592년부터 1598년까지 일본이 조선을 침입하여 일어난 전쟁.
***정유재란**: 1597년에 일본이 조선에 쳐들어와 일으킨 전쟁.
***액수**: 돈의 값을 나타내는 수.

---

1. 빈칸에 알맞은 말을 넣어 이 글의 핵심어를 완성하세요.

(　　　　　　　　　　　　)에 그려진 역사적 인물들

**2** 이 글의 짜임에 맞게 주요 내용을 정리하세요.

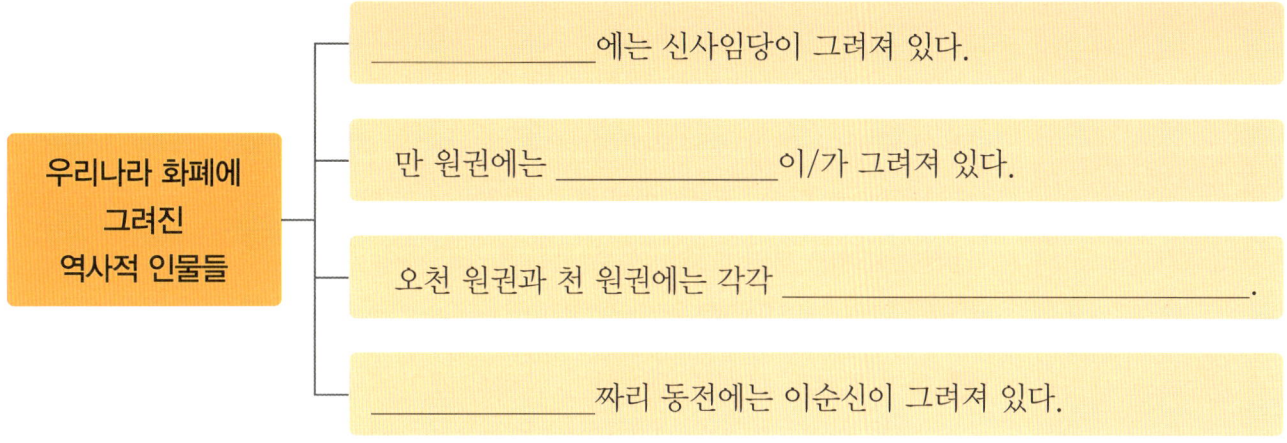

**3** 앞에서 정리한 내용을 바탕으로 이 글의 내용을 요약해 쓰세요.

우리나라 화폐에는 역사적 인물들이 그려져 있다. 오만 원권에는 신사임당이, _____
_____,
백 원짜리 동전에는 이순신이 그려져 있다.

### 독해 정복!

**4** 이 글의 제목으로 알맞은 것을 고르세요. (　　　)

① 화폐를 만드는 과정　　　② 우리나라 화폐의 역사
③ 우리나라 화폐 속 건축물　　　④ 우리나라 화폐 속 인물들

**5** 우리나라 화폐에 그려진 인물들의 공통점으로 알맞지 <u>않은</u> 것을 고르세요. (　　　)

① 조선 시대 사람이다.　　　② 위대한 업적을 남겼다.
③ 위기에 처한 나라를 구했다.　　　④ 많은 사람들에게 존경을 받고 있다.

# 18

## 건강과 생태계를 위협하는 환경 호르몬

**1** 우리가 사용하는 수많은 생활용품에 들어 있는 환경 호르몬이 사람의 건강을 해치고 생태계 질서를 파괴하고 있다. 환경 호르몬은 정상적인 호르몬의 작용을 방해하는 화학 물질을 말한다. 환경 호르몬이 들어 있는 제품을 이용하여 사람의 몸 안에 쌓인 환경 호르몬이 암이나 당뇨병 등 각종 질병을 일으키고 있다. 또한 동식물의 체내에도 쌓여 생태계까지 파괴되고 있다. 환경 호르몬으로부터 우리가 안전해지려면 개인, 기업, 정부 모두가 노력해야 한다.

[중심 문장] 환경 호르몬으로부터 우리가 안전해지려면 (　　　　　　　　　　　) 모두가 노력해야 한다.

**2** 환경 호르몬 문제를 해결하기 위해서 개인은 환경 호르몬에 노출되는 것을 최소화해야 한다. 유기농 식품 먹기, 플라스틱 제품 사용 줄이기, 환경 호르몬이 배출되지 않는 친환경 제품 사용하기, 통조림 대신 병조림 제품 사용하기, 종이 영수증 사용 줄이기 등을 실천하여 가급적 환경 호르몬에 노출되지 않도록 노력해야 한다.

[중심 문장] 환경 호르몬 문제를 해결하기 위해서 개인은 (　　　　　　　　　　　).

**3** 정부와 기업에서는 환경 호르몬을 줄이는 일에 적극 나서야 한다. 정부는 환경 호르몬이 들어 있는 제품에 대한 규제를 더욱 강화하고, 친환경 제품 사용을 유도할 수 있는 다양한 정책을 마련하며, 국민들이 정확하게 알 수 있도록 환경 호르몬에 대한 정보를 알려야 한다. 기업들 또한 환경 호르몬에 대해 끊임없이 연구하고, 친환경 제품을 더 많이 개발할 수 있도록 힘써야 한다.

[중심 문장] (　　　　　　　　　　　).

**4** 생활 속에서 쉽게 접할 수 있는 환경 호르몬이 사람과 자연에 부정적인 영향을 주고 있다. 건강하고 안전한 세상에서 살기 위해서는 모두가 환경 호르몬을 줄이는 일에 앞장서야 한다.

[중심 문장] 건강하고 안전한 세상에서 살기 위해서는 모두가 (　　　　　　　　　　　)에 앞장서야 한다.

### 어휘 뜻

*호르몬: 몸의 한 부분에서 나와 몸 안을 돌면서 다른 조직이나 기관의 활동을 조절하는 물질.

*노출되다: 감추어져 있는 것이 남이 보거나 알 수 있도록 겉으로 드러나다.

*최소화하다: 가장 적게 하다.

*병조림: 가공한 음식물을 병에 넣어 일정 기간 동안 상하지 않게 밀봉함. 또는 그렇게 한 음식물.

*유도하다: 사람이나 물건을 원하는 방향이나 장소로 이끌다.

---

**1** 빈칸에 알맞은 말을 넣어 이 글의 핵심어를 완성하세요.

(　　　　　　　　　　　) 문제를 해결하는 방법

2  이 글의 짜임에 맞게 주요 내용을 정리하세요.

```
┌─────────────────────────────────────────┐
│                문제점                    │
│  환경 호르몬이 _____       │
│  _____.           │
└─────────────────────────────────────────┘
         │
    ┌────┴────┐
    │         │
┌───────────────────┐  ┌───────────────────┐
│    해결 방안 1     │  │    해결 방안 2     │
│ 개인은 _____ │  │ 정부와 기업에서는  │
│ 을/를 최소화해야   │  │ _____에 적극  │
│ 한다.             │  │ 나서야 한다.      │
└───────────────────┘  └───────────────────┘
```

3  앞에서 정리한 내용을 바탕으로 이 글의 내용을 요약해 쓰세요.

_____이/가 사람의 건강을 해치고 생태계 질서를 파괴하고 있다. 환경 호르몬 문제를 해결하려면 _____ _____, 정부와 기업에서는 환경 호르몬을 줄이는 일에 적극 나서야 한다.

 독해 정복!

4  환경 호르몬을 줄이기 위해 개인이 할 일을 모두 고르세요. (      ,      )

① 친환경 제품 사용하기  ② 통조림 제품 사용하기
③ 플라스틱 제품 사용 줄이기  ④ 환경 호르몬 제품에 대한 규제 강화하기

5  글쓴이와 생각이 비슷한 친구를 고르세요. (      )

① 종하: 환경 호르몬이 무조건 나쁜 것은 아니야.
② 세경: 환경 호르몬은 정부만 나서면 해결할 수 있어.
③ 민서: 절대로 환경 호르몬으로부터 안전해질 수는 없어.
④ 혜윤: 환경 호르몬에 계속 노출되면 질병에 걸릴 수도 있어.

## 과학 19

### 화석은 어떻게 만들어지고 발견될까?

1️⃣ 2022년 7월, 미국에 사는 세 명의 어린이가 유적 탐험을 나섰다가 티라노사우루스라는 공룡의 화석을 발견하여 큰 화제가 되었습니다. 이처럼 오랜 옛날에 살았던 동물이나 식물의 *몸체나 흔적이 오늘날 화석으로 발견되고 있습니다. 지금부터 화석이 만들어지고 발견되는 과정을 자세히 알아봅시다.

중심 문장 (　　　　　　　　)이 만들어지고 발견되는 과정을 자세히 알아봅시다.

2️⃣ 먼저, 죽은 생물의 몸체가 호수나 바다의 바닥으로 가라앉습니다. 호수나 바다에 살던 생물은 죽으면 바닥으로 가라앉습니다. 육지에 살던 생물도 죽은 뒤에 강물이나 바닷물에 휩쓸리면 호수나 바다의 바닥으로 가라앉습니다. 화석이 만들어지려면 이렇게 생물이 몸체 그대로 호수나 바다의 바닥으로 가라앉는 것부터 시작되어야 합니다.

중심 문장 죽은 생물의 몸체가 (　　　　　　　　)으로 가라앉습니다.

3️⃣ 그런 다음, 죽은 생물 위로 흙이나 모래, 돌 등과 같은 *퇴적물이 빠르게 쌓입니다. 퇴적물이 쌓이면서 살과 같이 부드러운 부분은 썩어 없어지고, 뼈나 껍데기, 식물의 줄기 등과 같이 잘 썩지 않는 단단한 부분만 남습니다.

중심 문장 (　　　　　　　　　　　　　　).

4️⃣ 퇴적물이 계속 쌓이면 *지층이 만들어지고, 오랫동안 지층 속에 묻힌 생물은 화석이 됩니다. 퇴적물이 생물 위로 계속 쌓이면 먼저 쌓인 것들이 눌리면서 단단한 지층이 만들어집니다. 그리고 그 속에 있는 생물의 몸은 굳어져 화석으로 변합니다.

중심 문장 퇴적물이 계속 쌓이면 지층이 만들어지고, (　　　　　　　　)은 화석이 됩니다.

5️⃣ 마지막으로 지층이 점점 깎이면서 화석이 드러납니다. 지구에 있는 땅은 끊임없이 움직이는데, 그러면 물속에 있던 지층이 땅 위로 솟아오르게 됩니다. 이렇게 솟아오른 지층이 비나 바람 등에 의하여 깎여 나가다가 화석이 드러나 발견되는 것입니다.

중심 문장 지층이 점점 깎이면서 (　　　　　　　　).

### 어휘 뜻

*몸체: 물체의 몸이 되는 부분.

*퇴적물: 흙이나 죽은 생물의 뼈 등이 물이나 바람, 빙하 등에 의해 운반되어 땅의 표면에 쌓인 물질.

*지층: 자갈, 모래, 진흙, 화산재 등이 오랜 시간 동안 쌓여 이루어진 층.

---

**1** 빈칸에 알맞은 말을 넣어 이 글의 핵심어를 완성하세요.

화석이 (　　　　　　　　) 과정

# Day 24

**2** 이 글의 짜임에 맞게 주요 내용을 정리하세요.

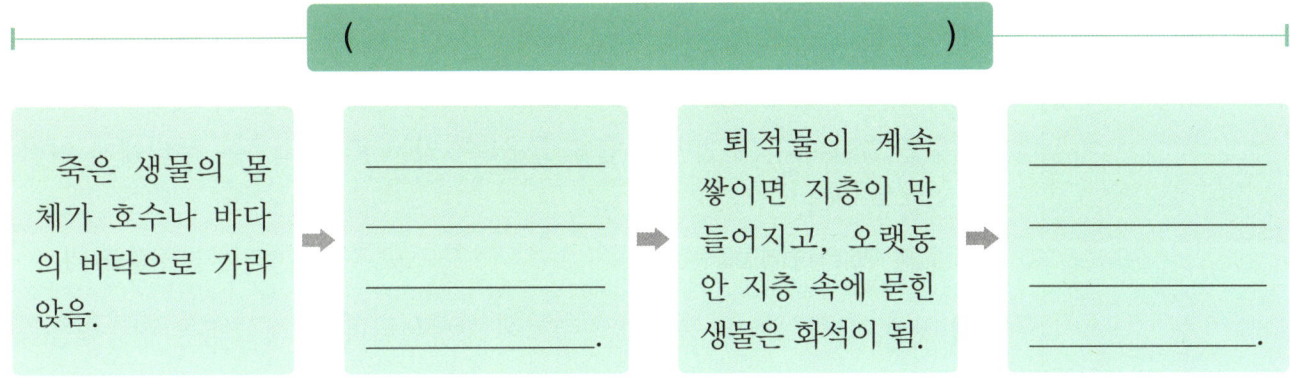

**3** 앞에서 정리한 내용을 바탕으로 이 글의 내용을 요약해 쓰세요.

화석이 만들어지고 발견되는 과정은 다음과 같습니다. _____
_____.
퇴적물이 계속 쌓이면 지층이 만들어지고, 오랫동안 지층 속에 묻힌 생물은 화석이 됩니다.
마지막으로 _____.

 **독해 정복!**

**4** 이 글을 읽고 알 수 있는 내용을 고르세요. (   )

① 화석의 뜻  
② 화석의 종류  
③ 우리나라에서 화석이 발견된 곳  
④ 물속에 있던 지층이 땅 위로 솟아오르는 까닭

**5** 이 글을 읽고 새로 알게 된 내용을 바르게 말한 친구를 찾아 이름을 쓰세요.

재형: 식물은 화석으로 만들어질 수 없구나.
보라: 죽은 생물의 뼈와 같은 단단한 부분만 남아 화석이 되는구나.
석훈: 지층이 계속 깎이면서 지층 속에 묻힌 생물의 몸이 굳어져 화석으로 변하는구나.

(           )

# 20

## 사람에게 이로운 백색 소음

**1** 소음이라고 하면 불쾌하고 시끄러운 소리가 떠오르지 않나요? 하지만 사람에게 이로운 소음도 있는데, 바로 백색 소음입니다. 백색 소음은 파도 소리나 나뭇잎이 바람에 흔들리는 소리처럼 넓은 *음폭을 가져 일상생활에 방해가 되지 않는 소음을 말합니다. 주변에서 쉽게 들을 수 있는 백색 소음은 우리에게 여러 가지 도움을 줍니다.

[중심 문장] 주변에서 쉽게 들을 수 있는 (　　　　　　　　)은 우리에게 여러 가지 도움을 줍니다.

**2** 첫째, 백색 소음을 들으면 집중력이 향상됩니다. 백색 소음은 집중력을 높이는 뇌파를 증가시킵니다. 우리나라의 한 대학교에서 발표한 연구 결과에 따르면 백색 소음을 들었을 때 학생들의 암기력이 35퍼센트나 증가했다고 합니다. 이처럼 백색 소음은 집중력을 향상시켜 공부나 업무에 도움을 줍니다.

[중심 문장] (　　　　　　　　　　　　　　　　　　).

**3** 둘째, 백색 소음을 들으면 마음이 안정됩니다. 비 오는 소리, 책장을 넘기는 소리와 같은 백색 소음은 자주 듣는 익숙한 소리로, 이런 소리를 들으면 사람의 마음이 안정되는 효과가 있습니다. 따라서 백색 소음을 들으면 잠도 깊고 편안하게 잘 수 있고, 스트레스도 줄어들게 됩니다.

[중심 문장] 둘째, 백색 소음을 들으면 (　　　　　　　　　　　　　　).

**4** 셋째, 백색 소음으로 주민 등록 번호나 계좌 번호와 같은 개인 정보의 *유출을 막을 수도 있습니다. 은행과 같은 금융 기관에서 개인 정보를 말해야 하는 경우가 있는데, 이때 백색 소음을 이용하면 개인 정보의 유출을 막을 수 있습니다.

[중심 문장] 셋째, 백색 소음으로 (　　　　　　　　　　)을 막을 수도 있습니다.

**5** 이처럼 백색 소음은 우리에게 좋은 영향을 줍니다. 따라서 백색 소음을 실생활에서 잘 이용한다면 삶의 질도 더 좋아질 것입니다.

[중심 문장] 백색 소음을 실생활에서 잘 이용한다면 삶의 질도 더 좋아질 것입니다.

---

**어휘 뜻**

*음폭: 사람의 목소리나 악기가 낼 수 있는 최저 음에서 최고 음까지의 넓이.

*유출: 귀한 물건이나 정보 등이 불법적으로 외부로 나가 버림. 또는 그것을 내보냄.

---

**1** 빈칸에 알맞은 말을 넣어 이 글의 핵심어를 완성하세요.

백색 소음이 (　　　　　　　　　　　　　)

**Day 25**

**2** 이 글의 짜임에 맞게 주요 내용을 정리하세요.

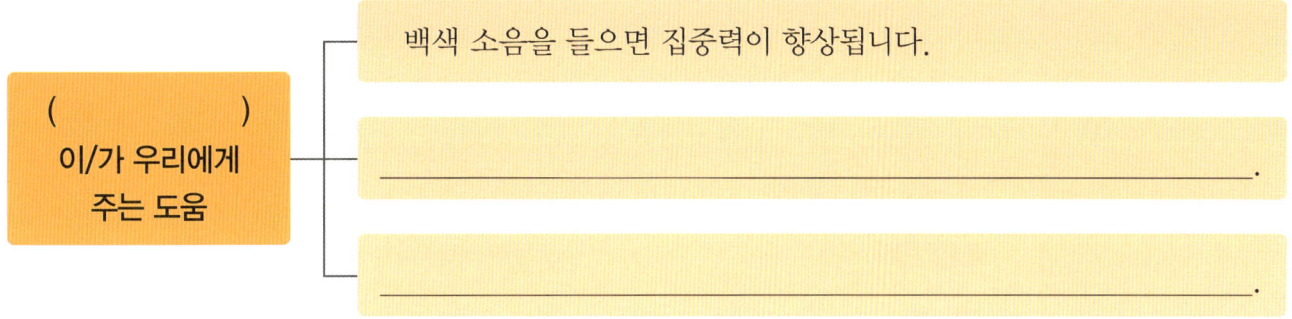

(        ) 이/가 우리에게 주는 도움
- 백색 소음을 들으면 집중력이 향상됩니다.
- _____.
- _____.

**3** 앞에서 정리한 내용을 바탕으로 이 글의 내용을 요약해 쓰세요.

> 백색 소음은 우리에게 다음과 같은 도움을 줍니다. _____
> _____. 그리고 백색 소음으로 개인 정보의 유출을 막을 수도 있습니다.

 **독해 정복!**

**4** 이 글에서 설명한 백색 소음에 대한 내용으로 알맞은 것을 모두 고르세요. (    ,    )

① 일상생활에 방해가 된다.
② 주변에서 쉽게 들을 수 있다.
③ 불쾌하고 시끄러운 소리이다.
④ 집중력을 높이는 뇌파를 증가시킨다.

**5** 다음 내용을 덧붙이기에 알맞은 문단의 번호를 쓰세요.

> 비닐봉지에서 나는 부스럭거리는 소리나 진공청소기 소리를 듣고 아기가 울음을 멈추는 경우가 있는데, 그 까닭은 백색 소음을 듣고 안정감을 느꼈기 때문입니다.

(      )

# 21

## (                    )

1 길을 지나가다 보면 화장을 한 청소년들을 쉽게 볼 수 있다. 2019년, 한 교복 회사에서 청소년들을 대상으로 설문 조사를 한 결과, 응답자의 58.5퍼센트가 화장을 한다고 대답했다. 이처럼 어느 때부터인가 화장이 청소년들의 문화로 자리를 잡았다. 하지만 청소년의 화장은 바람직하지 않다. 그 까닭은 다음과 같다.

중심 문장 (                              )은 바람직하지 않다.

2 첫째, 피부 건강에 좋지 않기 때문이다. 모든 화장품에는 화학 성분이 들어 있어 피부가 민감한 청소년기에 화장을 하면 피부에 자극을 줄 수 있다. 피부과 전문의들도 청소년들은 피부가 예민하기 때문에 화장품 사용에 주의해야 하며, 특히 *색조 화장은 가급적 하지 않는 것이 좋다고 *조언하고 있다.

중심 문장 첫째, (                    )에 좋지 않기 때문이다.

3 둘째, 잘못된 *가치관을 가질 수 있기 때문이다. 화장을 하며 외모를 꾸미다 보면 외모가 아름다운 것이 최고라는 잘못된 생각을 가지게 되고, 외모로만 사람을 평가하게 될 수도 있다. 또한 자신이 어른처럼 보인다고 착각해 학생으로서 바람직하지 못한 행동을 해도 된다고 생각할 수 있다.

중심 문장 둘째, (                                                  ).

4 셋째, 학업을 *소홀히 할 수 있기 때문이다. 화장을 하는 데 시간을 빼앗기면 그만큼 공부할 시간이 줄어들 수밖에 없다. 화장은 어른이 되어서 해도 되지만 공부는 청소년기에 해야 할 중요한 일이다. 따라서 화장을 하는 일에 시간을 쏟는 것은 옳지 않다.

중심 문장 (                                                  ).

5 이처럼 너무 이른 시기에 화장을 하면 여러 가지 문제점이 생길 수 있다. 화장은 학생의 신분에 어울리지 않는 행동이다. 그러므로 청소년이 화장을 하는 것은 적절하지 않다.

중심 문장 (                          )은 적절하지 않다.

### 어휘 뜻
*색조 화장: 이목구비를 또렷하게 하여 얼굴을 더 아름답게 보이도록 하는 화장.
*조언하다: 말로 거들거나 깨우쳐 주어서 돕다.
*가치관: 사람이 어떤 것의 가치에 대하여 가지는 태도나 판단의 기준.
*소홀히: 중요하게 생각하지 않아 주의나 정성이 부족하게.

**1** 이 글의 핵심어를 쓰세요.

(                              )

**2** 이 글의 짜임에 맞게 주요 내용을 정리하세요.

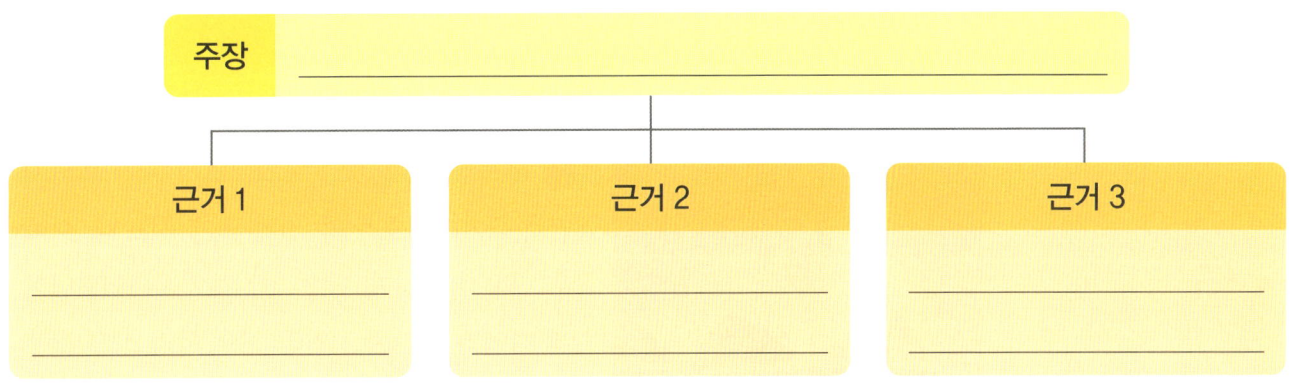

주장 _____

| 근거 1 | 근거 2 | 근거 3 |
|---|---|---|
| _____ | _____ | _____ |
| _____ | _____ | _____ |

**3** 앞에서 정리한 내용을 바탕으로 이 글의 내용을 요약해 쓰세요.

_____
_____

 독해 정복!

**4** 이 글의 제목으로 알맞은 것을 고르세요. (　　)

① 올바른 가치관의 중요성　　② 청소년 화장의 긍정적 영향
③ 청소년이 화장을 하는 까닭　　④ 청소년 화장, 이대로 좋은가?

**5** 이 글에 추가할 수 있는 근거로 알맞은 것을 고르세요. (　　)

① 화장은 개성을 표현하는 방법이다.
② 화장을 하는 것은 학생의 자유이다.
③ 화장을 하면 자신감을 얻을 수 있다.
④ 화장품 가격이 싸지 않아 경제적 부담이 될 수 있다.

## 과학 22

# 식물의 특징을 활용해요

1  우리 주변에는 생활용품부터 건축물에 이르기까지 식물의 특징을 모방하여 만든 것이 많다. 식물의 특징을 모방하여 만든 사례를 구체적으로 살펴보자.

중심 문장 (                        )을 모방하여 만든 사례를 구체적으로 살펴보자.

▲ 바하이 사원

2  바하이 사원은 연꽃의 생김새를 본떠서 지은 건축물이다. 호주의 건축물인 시드니 오페라 하우스와 비슷하게 생긴 이 사원은 1986년에 인도에 지어진 것으로, '연꽃 사원'이라고도 불린다. 연꽃이 반쯤 핀 모습을 하고 있는 바하이 사원은 세계에서 가장 아름다운 건축물 중 하나로 꼽힌다.

중심 문장 (                                                                ).

3  헬리콥터 날개는 단풍나무 열매가 떨어지는 모습을 모방하여 만든 물건이다. 단풍나무 열매를 공중으로 던지면 열매가 빙글빙글 회전하며 땅으로 떨어지는데, 이 회전이 공기의 저항을 줄여 주고 단풍나무 열매가 더 멀리 날아가도록 해 준다. 이 원리를 이용한 것이 헬리콥터 날개이다.

중심 문장 (                                                                ).

4  바다에 유출된 기름을 건져 내는 친환경 기름 뜰채는 네펜테스의 특징을 모방하여 만든 물건이다. *식충 식물의 한 종류인 네펜테스에 있는 *섬모는 물을 흡수하여 두꺼운 *수막을 만드는데, 이 수막 때문에 곤충이 주머니 안으로 쉽게 미끄러진다. 이러한 특징을 이용한 친환경 기름 뜰채는 수막을 형성할 수 있는 섬유로 만들어져 바닷물과 기름을 쉽게 분리할 수 있다. 그래서 기름만 쉽게 건져 낼 수 있다.

중심 문장 (                                                                ).

5  이처럼 우리 생활에서 식물의 특징을 모방하여 만든 것들이 많다. 그만큼 식물의 특징은 우리의 생활과도 깊은 관련이 있다.

중심 문장  식물의 특징은 우리의 생활과도 깊은 관련이 있다.

**어휘 뜻**
*식충 식물: 잎으로 벌레를 잡아 소화·흡수하여 양분을 취하는 식물.
*섬모: 가는 털.
*수막: 수증기나 물이 형성한 막.

**1** 이 글의 핵심어를 쓰세요.

(                        )

**2** 이 글의 짜임에 맞게 주요 내용을 정리하세요.

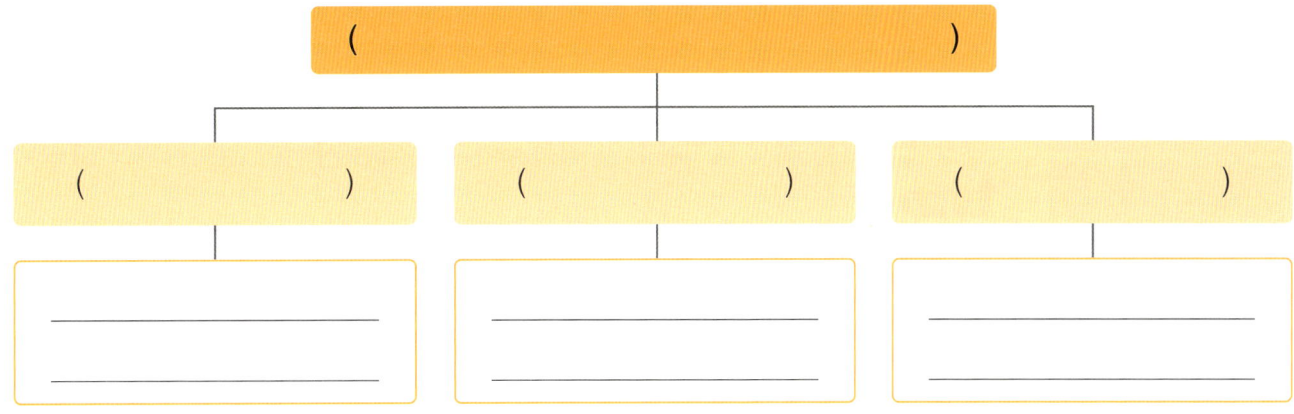

**3** 앞에서 정리한 내용을 바탕으로 이 글의 내용을 요약해 쓰세요.

 독해 정복!

**4** 이 글을 읽고 알 수 있는 내용으로 알맞은 것을 고르세요. (       )

① 식물 모방의 단점
② 추운 환경에 적응한 식물들
③ 식물의 생김새를 본뜬 건축물
④ 환경에 따라 다른 식물의 생김새

**5** 이 글에 더 넣을 수 있는 예로 알맞은 것을 모두 고르세요. (       ,       )

① 인삼은 한약을 만들 때 쓰인다.
② 벽에 붙이는 칫솔걸이는 문어 빨판의 특징을 활용하여 만들었다.
③ 도꼬마리 열매의 특징을 이용하여 쉽게 붙였다 떼었다 할 수 있는 벨크로를 만들었다.
④ 접이식 의자는 밤에 활짝 피었다가 낮이 되면 오므라드는 달맞이꽃의 생김새를 보고 만들었다.

## 사회 23

# 문화유산 훼손, 막을 방법은?

1 옛날부터 전해 내려오는 것 중에서 후손에게 물려줄 만한 가치가 있는 것을 '문화유산'이라고 합니다. 그런데 문화유산이 자연재해나 사람들의 잘못된 행동, 관리 소홀 등 여러 가지 이유로 훼손되고 있습니다. 실제로 2023년 12월에 경복궁 담장에 낙서를 해서 국가유산인 경복궁이 훼손되는 사건이 일어나기도 했습니다.
**중심 문장** (                                    ).

2 문화유산이 훼손되는 이유 중 하나는 사람들이 문화유산에 대해 잘 알지 못하고 무관심하기 때문입니다. 따라서 문화유산이 훼손되는 문제를 해결하는 첫 번째 방법은 문화유산에 대한 사람들의 관심과 이해를 높이는 것입니다. 학교나 관련 기관에서 문화유산 관련 행사나 교육 프로그램 등을 열어 사람들에게 문화유산에 관심을 갖게 하고 문화유산의 중요성과 가치에 대해 알 수 있도록 해야 합니다.
**중심 문장** 문화유산이 훼손되는 문제를 해결하는 첫 번째 방법은 문화유산에 대한 (                    )를 높이는 것입니다.

3 두 번째 방법은 문화유산을 잘 관리하고 보존하기 위해 노력하는 것입니다. 지역 사회와 관련 기관, 전문가들이 협력하여 문화유산의 상태를 지속적으로 확인하고 보다 효과적인 보존 \*체계를 마련해야 합니다. 또한 훼손된 문화유산을 발견했을 경우 관리 담당 기관에 신고하는 등 문화유산을 보존하기 위한 국민들의 \*자발적인 참여도 중요합니다.
**중심 문장** (                                    ).

4 이처럼 문화유산에 대한 사람들의 관심과 이해, 적절한 관리와 보존을 통해 문화유산이 훼손되는 문제를 해결할 수 있습니다. 우리의 문화유산은 세계적으로 인정받을 만큼 예술성과 역사적 가치가 뛰어납니다. 그러므로 우리의 문화유산이 훼손되지 않도록 노력해야 합니다.
**중심 문장** (                                    ).

▲ 2008년 방화로 불탔다가 복원된 숭례문

### 어휘 뜻
\*체계: 일정한 원리에 따라 낱낱의 부분이 잘 짜여져 통일된 전체.
\*자발적: 남이 시키거나 요청하지 않아도 자기 스스로 나아가 행하는 것.

**1** 이 글의 핵심어를 쓰세요.

(                    )

**2** 이 글의 짜임에 맞게 주요 내용을 정리하세요.

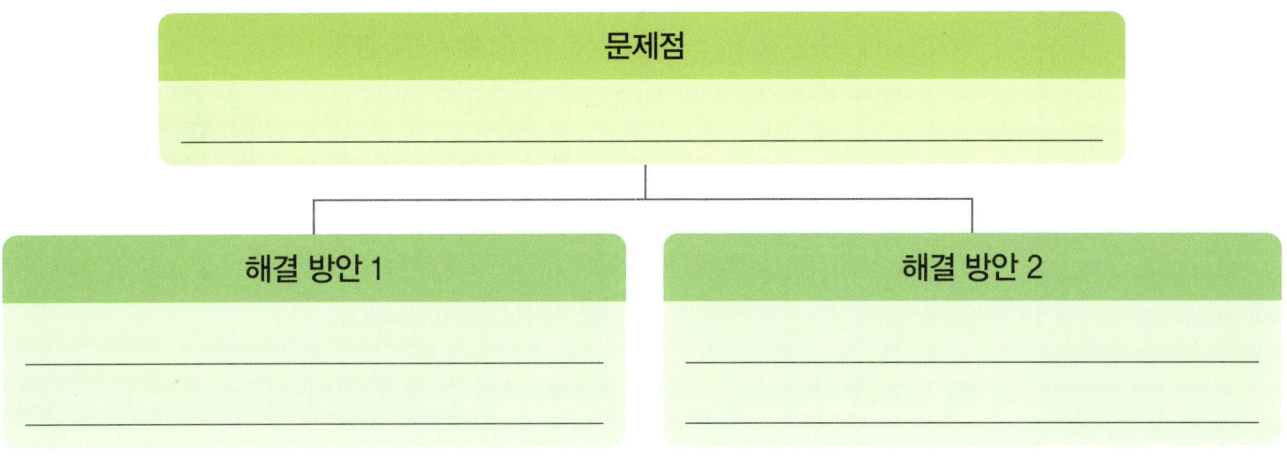

**3** 앞에서 정리한 내용을 바탕으로 이 글의 내용을 요약해 쓰세요.

 독해 정복!

**4** 이 글을 읽고 알 수 있는 내용이 <u>아닌</u> 것을 고르세요. (          )

① 문화유산의 뜻
② 문화유산의 종류
③ 문화유산 훼손 사례
④ 문화유산이 훼손되는 까닭

**5** 글쓴이의 주장으로 알맞은 것을 고르세요. (          )

① 문화유산을 국가가 보호하자.
② 우리 지역의 문화유산에 대해 알자.
③ 문화유산이 훼손되지 않도록 노력하자.
④ 우리나라의 문화유산을 세계에 널리 알리자.

## 24

### 몸에 이로운 발효, 몸에 해로운 부패

1️⃣ 곰팡이가 생긴 메주는 고추장이나 된장, 간장을 만드는 데 사용된다. 하지만 실온에 오래 두어 곰팡이가 생긴 식빵은 먹을 수 없다. 곰팡이가 생긴 메주는 발효된 것이고, 곰팡이가 생긴 식빵은 부패한 것이기 때문이다. 발효와 부패의 공통점과 차이점을 비교해 보자.

▲ 곰팡이가 생긴 메주

중심 문장 (                    )의 공통점과 차이점을 비교해 보자.

2️⃣ 발효와 부패는 둘 다 *미생물에 의해 분해가 일어나는 과정이다. 미생물이 음식물을 분해하면서 음식물에 독특한 맛과 향이 나는 새로운 성분이 만들어진 것은 발효된 것이고, 미생물이 음식물을 분해하면서 음식물이 썩은 것은 부패된 것이다.

중심 문장 (                                                    ).

3️⃣ 하지만, 발효는 사람의 건강에 이로운 물질을 만들고, 부패는 사람의 건강에 해로운 물질을 만든다. 치즈나 된장, 김치와 같이 발효된 음식을 먹으면 소화 기능이 좋아지고 면역력이 강화되는 등 건강에 여러 가지 도움이 된다. 하지만 부패된 음식을 먹으면 식중독과 같은 질병에 걸릴 수 있다. 따라서 발효된 음식은 먹어도 안전하지만 부패된 음식은 함부로 먹으면 안 된다.

중심 문장 발효는 사람의 건강에 (            )을 만들고, 부패는 사람의 건강에 (            )을 만든다.

4️⃣ 또한 발효는 시간이나 온도, 습도 등의 특정 조건이 맞았을 때에만 생기지만, 부패는 조건 없이 자연적으로 생긴다. 예를 들어, 배추를 실온에 그냥 두면 부패하지만, 배추를 소금에 절여 적절한 온도에서 보관하면 썩지 않고 맛있는 김치를 만들 수 있는 재료가 된다. 우유의 경우에도 실온에 그냥 두면 상하지만, 특정 *효소들과 같이 두면 발효되어 치즈가 된다.

중심 문장 (                                                    ).

**어휘 뜻**

*미생물: 맨눈으로 볼 수 없는 아주 작은 생물.

*효소: 생물의 세포 안에서 일어나는 화학 작용을 돕는 물질.

**1** 이 글의 핵심어를 쓰세요.

(                    )

**2** 이 글의 짜임에 맞게 주요 내용을 정리하세요.

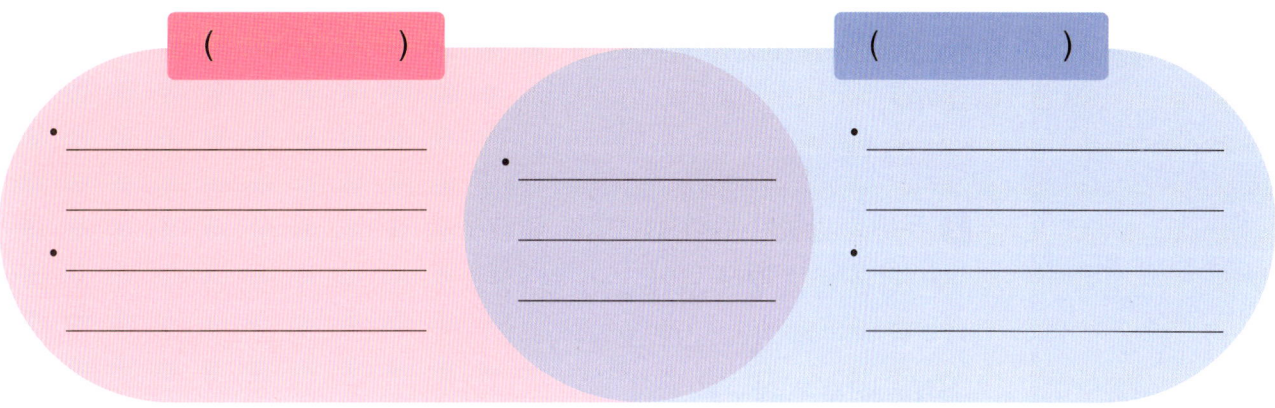

**3** 앞에서 정리한 내용을 바탕으로 이 글의 내용을 요약해 쓰세요.

 독해 정복!

**4** 다음 중 발효된 것이 아닌 것을 고르세요. ( )

① 우유로 만든 치즈  ② 곰팡이가 생긴 빵
③ 곰팡이가 생긴 메주  ④ 절인 배추로 만든 김치

**5** 이 글을 읽고 알 수 있는 내용을 모두 고르세요. ( , )

① 메주로 된장을 만드는 과정
② 발효된 음식을 먹으면 좋은 점
③ 부패한 음식을 먹으면 안 되는 까닭
④ 발효와 부패를 일으키는 미생물의 종류

과학 25

## 두부를 만드는 방법

1 두부는 콩으로 만든 대표적인 *가공품이다. 콩으로 만든 가공품에는 두부, 두유, 콩기름 등이 있는데, 그중에서 두부는 우리나라 사람들이 많이 이용하는 식재료이다.

**중심 문장** 두부는 ( )이다.

2 두부를 만들기 위해서는 먼저 불린 콩을 갈아 물과 섞은 뒤 끓인다. 그릇에 잘 씻은 콩을 넣고 물에 담가 불린 뒤, 콩을 건져 분쇄기나 맷돌에 넣고 물을 조금씩 부으면서 곱게 간다. 그리고 큰 솥에 물과 간 콩을 섞은 뒤 끓인다. 이때 콩물이 솥에 *눌어붙지 않도록 살살 저어 주어야 한다. 또 콩물이 끓어 넘치지 않도록 찬물을 조금씩 부어 준다.

**중심 문장** 두부를 만들기 위해서는 먼저 ( ).

3 다음으로 끓인 콩물을 걸러 낸다. 다 끓은 콩물을 헝겊 자루에 넣고 힘껏 짜면 콩물을 걸러 낼 수 있다. 이때 걸러 낸 콩물이 두유이고, 헝겊 자루에 남은 건더기가 비지이다.

**중심 문장** ( ).

4 그다음에는 걸러 낸 콩물에 간수를 넣고 약한 불로 끓인다. 간수는 습기가 찬 소금에서 저절로 녹아 흐르는 짜고 쓴 물을 말한다. 콩물에 간수를 넣으면 콩물이 *응고되면서 덩어리가 된다. 간수는 두부를 탄력 있고 부드럽게 만드는 데에도 도움이 된다.

**중심 문장** ( ).

5 마지막으로 헝겊을 깐 틀에 덩어리가 된 콩물을 붓고 돌과 같은 무거운 것으로 누른다. 무거운 것으로 누르는 까닭은 물기를 빼기 위해서이다. 이 상태로 어느 정도 시간이 지나면 고소한 두부가 완성된다.

**중심 문장** ( ).

**어휘 뜻**

*가공품: 원료나 재료를 가공하여 새롭게 만들어 낸 제품.

*눌어붙다: 음식이 타서 그릇의 바닥에 붙다.

*응고되다: 액체가 한 덩어리로 뭉쳐 딱딱하게 굳어지다.

**1** 이 글의 핵심어를 쓰세요.

( )

**2** 이 글의 짜임에 맞게 주요 내용을 정리하세요.

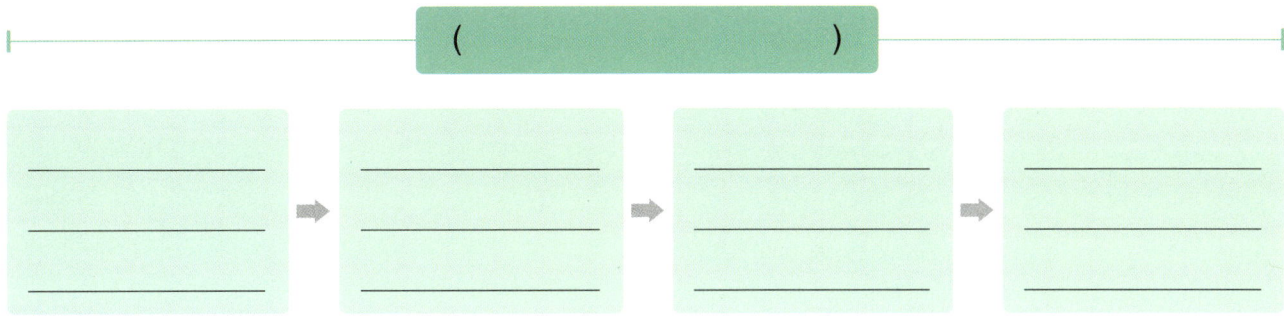

**3** 앞에서 정리한 내용을 바탕으로 이 글의 내용을 요약해 쓰세요.

 독해 정복!

**4** 이 글을 읽고 알 수 있는 내용을 모두 고르세요. (　　,　　)

① 간수의 뜻　　　　　　　　② 두부를 먹으면 좋은 점
③ 두부에 들어있는 영양소　　④ 콩으로 만든 가공품의 종류

**5** 두부를 만드는 과정 중 두유와 비지가 만들어지는 것은 언제인지 고르세요. (　　)

① 콩 불리기　　　　　② 콩물 걸러 내기
③ 콩을 갈아 끓이기　　④ 콩물에 간수 넣기

## 이미지 출처

**13쪽 측우기**
본 저작물은 공공누리 제1유형에 따라 한국학중앙연구원(www.aks.ac.kr)의 공공저작물을 이용하였습니다.

**18쪽 합천 해인사 대장경판**
본 저작물은 공공누리 제1유형에 따라 국가유산청(www.khs.go.kr)의 공공저작물을 이용하였습니다.

**88쪽 숭례문**
본 저작물은 공공누리 제1유형에 따라 국가유산청(www.khs.go.kr)의 공공저작물을 이용하였습니다.

그 외의 이미지는 셔터스톡 코리아에 사용료를 지불하고 실었습니다.

## 일러두기

*맞춤법과 띄어쓰기는 국립국어원의 표준국어대사전을 기준으로 삼되, 초등학교 교과서의 표기를 참고했습니다.
*외국의 인명과 지명은 국립국어원의 외래어 표기법을 기준으로 삼되, 이미 굳어진 외래어는 관용적인 표기를 따랐습니다.

# 요약독해의 힘

정답 및 해설

2권

## 기본

### Day 01    12~17쪽

**12~13쪽**

❶ 피아노  ❷ 동물  ❸ 일  ❹ 업적

**14~15쪽**

1  1 ②  2 ①  3 ②  4 ①

2  1 산양  2 풍속화  3 다수결의 원칙  4 도로명 주소를 붙이는 원리

[도움말] 1 산양의 생김새와 종류 등에 대해 설명하고 있으므로, 이 글의 핵심어는 '산양'입니다.

2 이 글에서 가장 중요한 말로, 글에 반복되어 나오고 있는 '풍속화'가 핵심어입니다.

3 다수결의 원칙의 뜻과 장점, 단점 등에 대해 설명하고 있으므로, 이 글의 핵심어는 '다수결의 원칙'입니다.

**16~17쪽**

3  1 ③  2 ③  3 ③

4  1 유래  2 지문  3 효능

[도움말] 1 사칙 연산 기호가 어떻게 만들어졌는지 그 유래에 대해 설명하는 글이므로, 핵심어는 '사칙 연산 기호의 유래'입니다.

3 토마토의 여러 가지 효능에 대해 설명하는 글이므로, 핵심어는 '토마토의 효능'입니다.

### Day 02    18~23쪽

**18~19쪽**

❶ 숯은 썩는 것을 막아 주는 기능이 있습니다  ❷ 숯은 습도를 조절하는 기능도 있습니다  ❸ 숯은 물을 깨끗하게 하는 기능도 있습니다  ❹ 친환경적인 재료  ❺ 많은 양의 카페인

**20~21쪽**

1  1 ㉡  2 ㉠  3 ㉠  4 ㉡

[도움말] 1 ㉠은 닭이 사람에게 주는 이로움을 설명하는 문장으로, 뒷받침 문장에 해당합니다.

2 ㉡은 표준어를 사용하면 좋은 점 중 하나로, 뒷받침 문장에 해당합니다.

2  1 우리는 바다에서 여러 가지 자원을 얻는다.  2 줄넘기를 하면 여러 가지 효과가 있다.  3 우리나라 국보와 보물 등의 공식 명칭이 바뀌었다.  4 가시연꽃은 습지 생태계를 지키는 역할을 한다.

**22~23쪽**

3  1 ②  2 ②  3 ①

[도움말] 1 첫 번째 문장이 중심 문장입니다. 그중에서 '사냥개로 길러질 만큼'은 '용감하고'를 꾸며 주는 말로, 중요하지 않기 때문에 삭제할 수 있습니다.

2 첫 번째 문장이 중심 문장입니다. 그중에서 '남북으로 길게 뻗어 있는'은 '우리나라'를 꾸며 주는 말로, 삭제할 수 있습니다.

3 첫 번째 문장이 중심 문장입니다. 그중에서 '공깃돌을 일정한 규칙에 따라 집고 받는 놀이인'은 '공기놀이'를 꾸며 주는 말로, 중요하지 않기 때문에 삭제할 수 있습니다.

4  1 예 여름철이 되면  2 예 국가나 지역의 발전을 위해서 꼭 필요한  3 예 계절의 변화가 뚜렷하지 않은 지역

[도움말] 1 첫 번째 문장이 중심 문장입니다. 그중에서 '햇볕이 내리쬐는 무더운'은 '여름철'을 꾸며 주는 말로, 중요하지 않기 때문에 삭제할 수 있습니다.

2 첫 번째 문장이 중심 문장입니다. 그중에서 '쓰레기 매립장, 화장터, 폐수 처리장, 물 재생 센터 등'은 환경 기초 시설의 예이므로, 삭제할 수 있습니다.

3 첫 번째 문장이 중심 문장입니다. 그중에서 '열대 지방과 같이'는 계절의 변화가 뚜렷하지 않은 지역의 예에 해당하는 말이므로, 중요하지 않기 때문에 삭제할 수 있습니다.

## Day 03    24~29쪽

### 24~25쪽

❶ 생김새  ❷ 차림새  ❸ 항아리 냉장고  ❹ 방법  ❺ 모래  ❻ 작은

### 26~27쪽

**1**

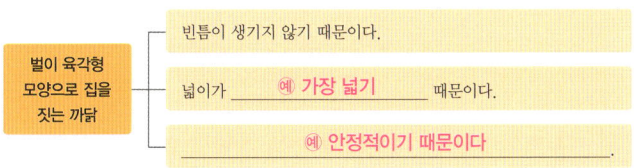

**2**

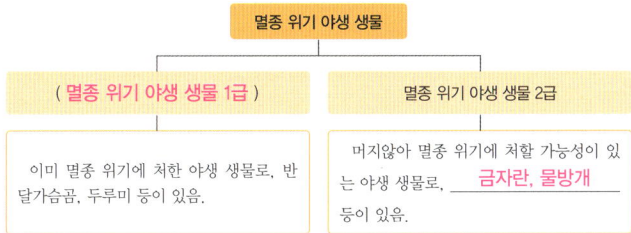

**3**

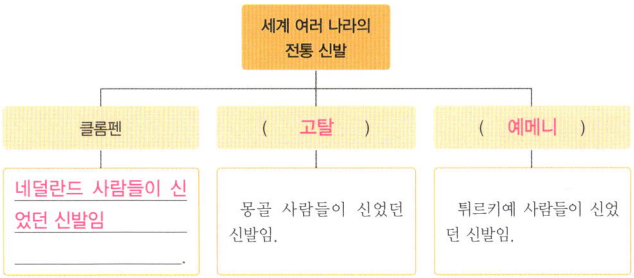

### 28~29쪽

**4**

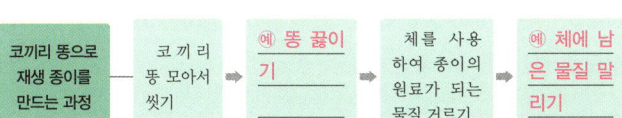

**5**

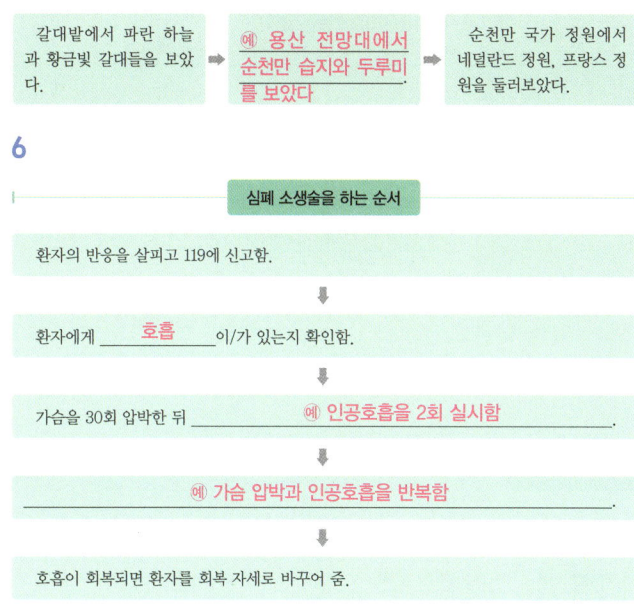

**6**

순천만 습지 여행 / 심폐 소생술을 하는 순서

환자의 반응을 살피고 119에 신고함.
↓
환자에게 __호흡__ 이/가 있는지 확인함.
↓
가슴을 30회 압박한 뒤 ㉠ __인공호흡을 2회 실시함__.
↓
㉠ __가슴 압박과 인공호흡을 반복함__.
↓
호흡이 회복되면 환자를 회복 자세로 바꾸어 줌.

## Day 04    30~35쪽

### 30~31쪽

❶ 다람쥐와 청설모  ❷ 땅 위  ❸ 먹이  ❹ 나무 위  ❺ 신조어  ❻ 대중 매체  ❼ 바른 언어

### 32~33쪽

**1**

|  | 동형어 | 다의어 |
|---|---|---|
| 공통점 | __글자와 소리__ 이/가 같음. ||
| 차이점 | • 낱말의 뜻이 서로 관련이 없음.<br>• 국어사전에서 __각각 다른 낱말__(으)로 풀이되어 있음. | • 낱말의 뜻이 ㉠ __서로 관련이 있음__.<br>• 국어사전에서 한 낱말에 여러 가지 뜻이 제시되어 있음. |

**2**

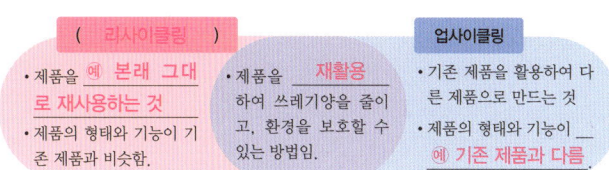

3

|  | ( 뮤지컬 ) | ( 오페라 ) |
|---|---|---|
| 같은 점 | • 이야기를 음악으로 만든 음악극임.<br>• 예 음악과 노래, 춤 등이 결합된 종합 예술임 ||
| 다른 점 — 전달 방법 | 대사 중간에 노래를 하고 춤을 추며 내용을 전달함. | 예 말이 아닌 노래로 내용을 대부분 전달함 |
| 다른 점 — 사용하는 언어 | 예 공연하는 나라의 언어(으)로 노래하는 경우가 많음. | 이탈리아어나 노래를 작곡한 나라의 언어로 노래함. |
| 다른 점 — 공연 장소 | 예 주로 일반 극장에서 공연함. | 오페라 전용 극장에서 공연함. |
| 다른 점 — 반주 | 밴드의 반주나 녹음된 반주 등을 사용함. | 예 항상 오케스트라의 반주에 맞춰 노래함 |

### 34~35쪽

4

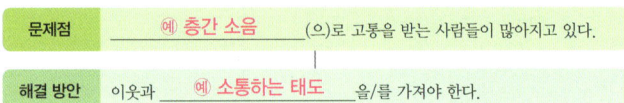

5

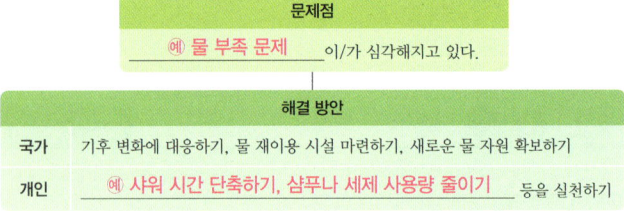

6

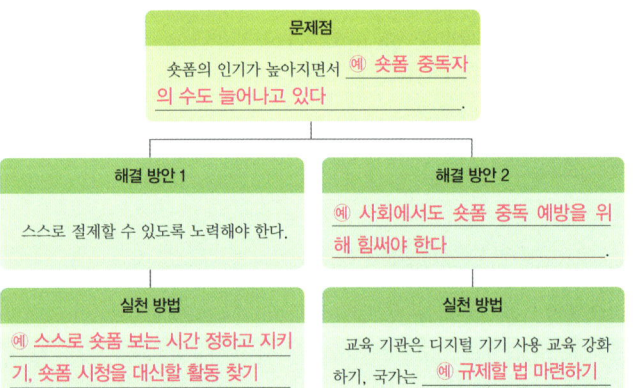

## Day 05    36~41쪽

### 36~37쪽

❶ 예 생김새에 따라  ❷ 예 채소와 김치를 볶은 뒤 밥을 넣고 함께 볶습니다.

### 38~39쪽

1

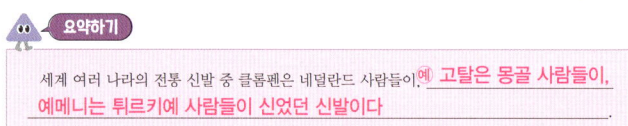

**도움말** 틀에 정리한 내용에서 전통 신발의 이름과 어느 나라 사람이 신었던 신발인지를 자연스럽게 한 문장으로 연결합니다. 이때 연결한 내용 중에서 중복되는 내용인 '신었던 신발임'을 삭제하고 정리하는 것이 좋습니다.

2

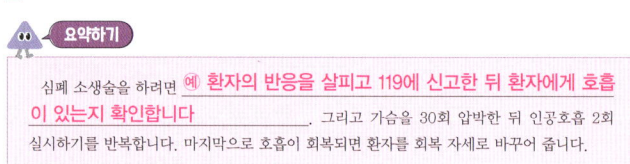

**도움말** '그리고'나 '~한 뒤'와 같은 말을 사용하여 심폐 소생술을 하는 순서가 잘 드러나게 정리합니다.

### 40~41쪽

3

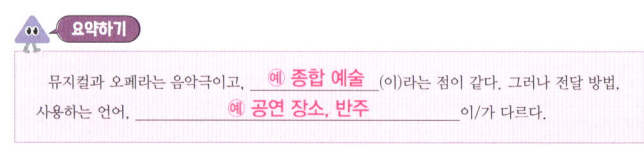

**도움말** 뮤지컬과 오페라의 같은 점과 다른 점을 두 문장으로 나누어 쓰는 것이 좋습니다. 이때 틀에 정리한 비교 항목을 중심으로 씁니다.

4

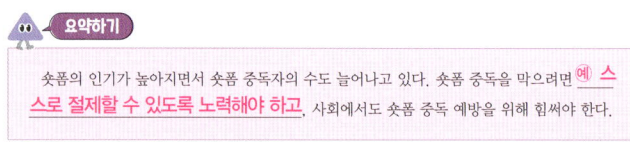

**도움말** 숏폼 중독을 막을 수 있는 해결 방안 1의 내용을 뒤에 나오는 내용과 자연스럽게 이어지도록 써야 합니다.

## Day 06    44~45쪽

중심 문장 쓰기

1문단 - 기울어진
2문단 - 피사의 사탑
3문단 - 캐피털 게이트
4문단 - 호구탑

1   예 기울어진 건축물

2

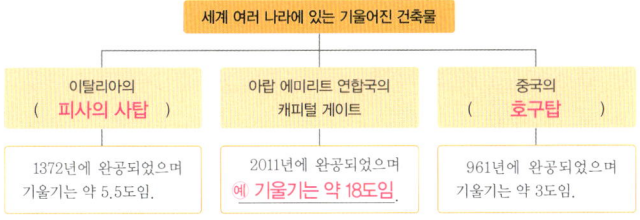

세계 여러 나라에 있는 기울어진 건축물

| 이탈리아의 ( 피사의 사탑 ) | 아랍 에미리트 연합국의 캐피털 게이트 | 중국의 ( 호구탑 ) |
|---|---|---|
| 1372년에 완공되었으며 기울기는 약 5.5도임. | 2011년에 완공되었으며 예 기울기는 약 18도임. | 961년에 완공되었으며 기울기는 약 3도임. |

3

세계 여러 나라에 있는 기울어진 건축물에는 이탈리아의 피사의 사탑, 예 아랍 에미리트 연합국의 캐피털 게이트, 중국의 호구탑 이/가 있습니다.

도움말 이 글에서 설명하고 있는 세계의 기울어진 건축물 세 개 중 이탈리아의 피사의 사탑을 제외한 나머지 건축물을 차례대로 써 봅니다.

4   캐피털 게이트

도움말 피사의 사탑의 기울기는 약 5.5도이고, 캐피털 게이트의 기울기는 약 18도이며, 호구탑의 기울기는 약 3도입니다. 따라서 캐피털 게이트가 가장 많이 기울어진 건축물입니다.

5   ㉡

도움말 중국의 호구탑은 961년에, 이탈리아의 피사의 사탑은 1372년에, 아랍 에미리트 연합국의 캐피털 게이트는 2011년에 완공되었습니다.

## Day 07    46~47쪽

중심 문장 쓰기

1문단 - 한해살이 식물과 여러해살이 식물
2문단 - 한살이 과정
3문단 - 한살이 기간
4문단 - 겨울을 나는 형태

1   예 한해살이 식물과 여러해살이 식물

2

|  |  | 한해살이 식물 | (여러해살이 식물) |
|---|---|---|---|
| 같은 점 | 한살이 과정 | 발아, 성장, 개화, 결실의 과정을 거침. |  |
| 다른 점 | (한살이 기간) | 한살이 과정이 일 년 이내로 끝남. | 한살이 과정이 ____ 예 여러 해 동안 일어남 |
|  | 겨울을 나는 형태 | 씨앗____의 형태로 겨울을 남. | 땅속에 있는 뿌리나 줄기 부분이 살아남음. |

3

한해살이 식물과 여러해살이 식물은 한살이 과정이 같습니다. 하지만 예 한살이 기간, 겨울을 나는 형태 이/가 다릅니다.

도움말 한해살이 식물과 여러해살이 식물은 어떤 점이 다른지 찾아 써 봅니다.

4   ①

도움말 ② 한해살이 식물은 씨앗의 형태로 겨울을 납니다.
③ 이 글에 한해살이 식물과 여러해살이 식물이 사는 곳에 대한 내용은 나오지 않습니다.
④ 한해살이 식물과 여러해살이 식물 모두 발아, 성장, 개화, 결실의 과정을 거칩니다.

5   (2) ○

도움말 여러해살이 식물은 여러 해 동안 죽지 않고 살아가는 식물입니다. 따라서 겨울을 보내고 그다음 해에도 살아가는 민들레가 여러해살이 식물에 해당합니다. (1)의 강낭콩은 열매를 맺고 그해에 시들어 죽는다고 하였으므로, 한해살이 식물에 해당합니다.

## Day 08  48~49쪽

### 중심 문장 쓰기
- 1문단 – 기원전
- 2문단 – 예 아르키메데스
- 3문단 – 사람이 타는 엘리베이터
- 4문단 – 19세기

도움말 2문단의 중심 문장인 첫 번째 문장을 정리할 때 '고대 그리스의 수학자인'은 아르키메데스가 어떤 사람인지를 설명해 주는 말로 중요하지 않기 때문에 삭제할 수 있습니다.

1  역사

2
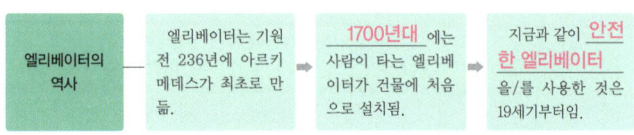

3
엘리베이터는 기원전 236년에 아르키메데스가 <u>예 최초로 만들었다</u>. 1700년대에는 <u>예 사람이 타는 엘리베이터</u>이/가 건물에 처음으로 설치되었으며, 지금과 같이 안전한 엘리베이터를 사용한 것은 19세기부터이다.

4  (1) 4  (2) 1  (3) 2  (4) 3

도움말 아르키메데스가 처음으로 만든 엘리베이터(기원전 236년), 베르사유 궁전에 설치된 엘리베이터(1743년), 엘리샤 오티스가 발명한 안전장치가 부착된 엘리베이터(1853년), 상하좌우로 움직이는 엘리베이터(최근)의 순서대로 발전하였습니다.

5  영진

도움말 1743년에 베르사유 궁전에 '날아다니는 의자'라고 불리는 엘리베이터가 설치되었는데, 이 엘리베이터는 줄이 끊어져 사람이 추락하는 사고가 많이 일어났습니다. 따라서 '날아다니는 의자'라고 불리는 엘리베이터가 안전했다는 영진이의 말은 알맞지 않습니다.

## Day 09  50~51쪽

### 중심 문장 쓰기
- 1문단 – 예 도시의 교통 문제
- 2문단 – 교통 시설
- 3문단 – 교통량
- 4문단 – 친환경 교통수단
- 5문단 – 사회 구성원 모두

도움말 1문단의 중심 문장인 두 번째 문장을 정리할 때 '교통 혼잡 문제, 주차 공간 부족 문제, 교통수단으로 인한 환경 오염 문제와 같은'은 도시의 교통 문제의 예에 해당하므로 삭제할 수 있습니다.

1  예 도시의 교통 문제

2
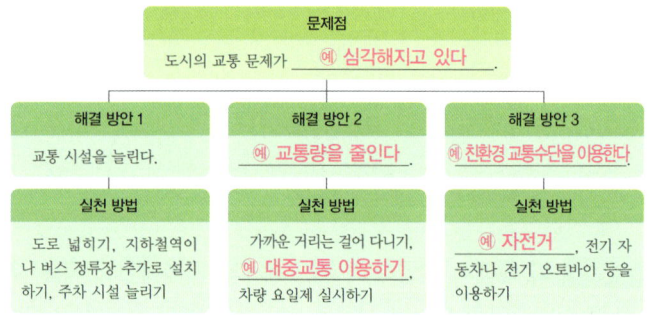

3
도시의 교통 문제가 심각해지고 있다. <u>예 교통 시설을 늘리고, 교통량을 줄이며</u>, 친환경 교통수단을 이용하면 도시의 교통 문제를 해결할 수 있다.

도움말 두 번째 문장은 도시의 교통 문제에 대한 해결 방안을 한 문장으로 요약한 것입니다. 따라서 〈문제 2번〉에서 정리한 해결 방안 세 가지를 '-고', '-며'와 같은 이어 주는 말을 사용하면 한 문장으로 간결하게 요약할 수 있습니다.

4  ①

도움말 ②는 4문단에, ③은 3문단에, ④는 1문단에 나와 있습니다.

5  3

도움말 카풀을 하는 것도 교통량을 줄이는 방법이라는 내용은 도시의 교통 문제를 해결하기 위해서 교통량을 줄여야 한다는 3문단에 덧붙이기에 알맞습니다.

## Day 10    52~53쪽

**중심 문장 쓰기**
1문단 – 일회용 물티슈
2문단 – 환경이 오염된다
3문단 – 위생
4문단 – 일회용 물티슈를 처리
5문단 – 사용하지 않도록 하자

**1** 일회용 물티슈

**2**
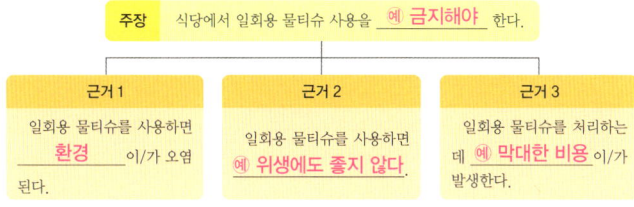

**3**
> 식당에서 일회용 물티슈 사용을 금지해야 한다. 일회용 물티슈를 사용하면 예 환경이 오염되고, 위생에도 좋지 않으며 . 일회용 물티슈를 처리하는 데 막대한 비용이 발생하기 때문이다.

**도움말** 두 번째 문장은 식당에서 일회용 물티슈 사용을 금지해야 한다는 주장을 뒷받침하는 근거 세 가지를 한 문장으로 요약한 것입니다. 따라서 〈문제 2번〉에서 정리한 근거 세 가지를 '–고', '–며'와 같은 이어 주는 말을 사용하면 한 문장으로 요약할 수 있습니다.

**4** ①
**도움말** 글쓴이의 주장을 뒷받침하는 근거는 2~4문단에 나와 있습니다. 1문단에는 식당에서 일회용 물티슈 사용을 금지해야 한다는 주장이 들어 있습니다.

**5** (1) ○
**도움말** (2)와 (3)은 이 글의 내용과 관계없는 내용의 자료입니다.

## Day 11    54~55쪽

**중심 문장 쓰기**
1문단 – 공공 기관
2문단 – 나라의 세금
3문단 – 예 범죄자
4문단 – 가난한 사람의 병
5문단 – 활인서

**도움말** 3문단의 중심 문장인 첫 번째 문장을 정리할 때 범죄자의 예에 해당하는 '도둑이나 강도 같은'은 세부적인 내용으로 삭제할 수 있습니다.

**1** 공공 기관

**2**

**3**
> 조선 시대의 공공 기관에는 나라의 세금을 관리하던 선혜청, 범죄자를 잡던 포도청, 예 가난한 사람의 병을 치료해 주던 혜민서와 활인서 이/가 있었습니다.

**도움말** 빈칸에는 혜민서와 활인서가 어떤 일을 했던 공공 기관이었는지를 요약하는 내용이 들어가야 합니다. 혜민서와 활인서는 하는 일이 같았습니다. 따라서 같은 내용이 반복되지 않도록 두 공공 기관이 했던 일은 한 번만 쓰고, '와'를 넣어 두 공공 기관의 이름을 연결하면 '가난한 사람의 병을 치료해 주던 혜민서와 활인서'와 같이 요약할 수 있습니다.

**4** (1) 포도청  (2) 선혜청  (3) 혜민서, 활인서
**도움말** 오늘날의 경찰서와 비슷한 역할을 하던 곳은 '포도청', 오늘날의 국세청과 비슷한 역할을 하던 곳은 '선혜청', 오늘날의 보건소와 비슷한 역할을 하던 곳은 '혜민서'와 '활인서'입니다.

**5** ㉯
**도움말** ㉮는 포도청, ㉰는 선혜청에서 한 일입니다.

2권 **101**

# Day 12    56~57쪽

### 중심 문장 쓰기
- 2문단 – 생김새와 연주법
- 3문단 – 소리
- 4문단 – 크기
- 5문단 – 사용하는 악보

**1** 예 비올라와 바이올린

**2**

| | | ( 비올라 ) | 바이올린 |
|---|---|---|---|
| 공통점 | 생김새 | 나무로 만든 몸통과 | 예 네 개의 줄로 이루어져 있음. |
| | ( 연주법 ) | 손과 팔, 턱, 어깨로 악기를 고정하고 활로 줄을 문질러서 소리를 냄. | |
| 차이점 | 소리 | 따뜻하고 부드러운 소리를 내며, 바이올린보다 낮은 음을 냄. | 예 선명하고 맑은 소리를 내며, 현악기 중 가장 높은 음을 냄. |
| | 크기 | 예 연주자의 신체 특성 에 따라 자유롭게 제작할 수 있음. | 크기가 규격화되어 있음. |
| | 사용하는 악보 | 가온음자리표 이/가 그려진 악보와 높은음자리표가 그려진 악보를 사용함. | 높은음자리표가 그려진 악보를 사용함. |

**3**

비올라와 바이올린의 공통점은 예 생김새와 연주법 이/가 비슷하다는 것이다. 하지만 소리, 예 크기, 사용하는 악보 이/가 다르다는 차이점도 있다.

도움말 첫 번째 빈칸에는 비올라와 바이올린의 공통점이 들어가야 하고, 두 번째 빈칸에는 비올라와 바이올린의 차이점이 들어가야 합니다.

**4** ④

도움말 이 글은 비올라와 바이올린의 공통점과 차이점을 설명하는 글입니다. ①~④ 중에서 글의 내용이 잘 드러나는 제목은 ④ '같은 듯 다른 비올라와 바이올린'입니다.

**5** (2) ○

도움말 4문단에서 바이올린은 몸통이 약 35.5센티미터로, 비올라보다 조금 작다고 하였으므로, 비올라의 몸통이 바이올린의 몸통보다 더 크다는 것을 알 수 있습니다.

# Day 13    58~59쪽

### 중심 문장 쓰기
- 1문단 – 고래
- 2문단 – 이산화 탄소
- 3문단 – 해양 생태계의 균형
- 4문단 – 지구를 지키는 고래

**1** 예 고래의 수

**2**

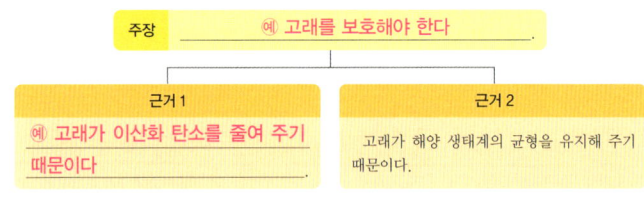

| 주장 | 예 고래를 보호해야 한다. |
|---|---|
| 근거 1 | 근거 2 |
| 예 고래가 이산화 탄소를 줄여 주기 때문이다. | 고래가 해양 생태계의 균형을 유지해 주기 때문이다. |

**3**

고래를 보호해야 한다. 그 까닭은 고래가 이산화 탄소를 줄여 주고, 예 해양 생태계의 균형을 유지해 주기 때문이다.

도움말 빈칸에는 글쓴이의 주장을 뒷받침하는 두 번째 근거가 들어가야 합니다.

**4** ㉮, ㉰

도움말 ㉯ 글쓴이가 생각하는 문제 상황은 고래의 수가 감소하고 있다는 것으로, 1문단에 드러나 있습니다.
㉱ 2문단과 3문단에 왜 고래를 보호해야 하는지는 나와 있지만, 고래의 종류는 나와 있지 않습니다.

**5** ③

도움말 2문단에서 고래는 숨을 쉴 때마다 몸속에 이산화 탄소를 저장한다고 하였습니다.

## Day 14    60~61쪽

### 중심 문장 쓰기
1문단 – 저출산
2문단 – 경제적 지원
3문단 – ㉠ 보육 시설과 보육 서비스
4문단 – 주택 문제

**도움말** 3문단의 중심 문장인 첫 번째 문장을 정리할 때 보육 시설의 예에 해당하는 '어린이집과 같은'은 삭제할 수 있습니다.

1  ㉠ 해결하는 방법

2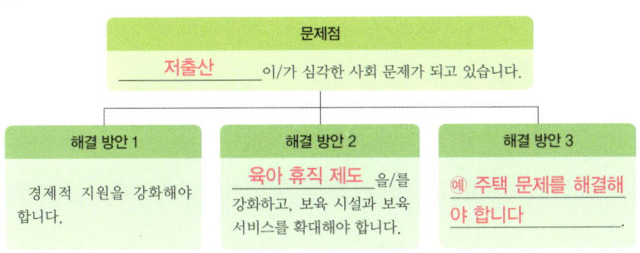

3
> 저출산이 심각한 사회 문제가 되고 있습니다. 저출산을 해결하려면 경제적 지원을 강화해야 합니다. 그리고 ㉠ 육아 휴직 제도를 강화하고, 보육 시설과 보육 서비스를 확대해야 하며              . 주택 문제도 해결해야 합니다.

**도움말** 빈칸에는 저출산을 해결할 두 번째 방법이 들어가야 합니다. 쉼표( , )가 쓰였으므로 문장을 끝맺지 말고 '–며'와 같은 말을 사용하여 뒤의 내용과 이어지도록 씁니다.

4  ①, ④

**도움말** ① 1문단에 합계 출산율의 뜻이 나와 있습니다. 합계 출산율이란 여성 한 명이 낳을 것으로 예상되는 출생아 수를 말합니다.
④ 1문단에 저출산이 계속되었을 때 일어날 문제점이 설명되어 있습니다. 저출산이 계속되면 사회에 일할 사람이 줄어들어 나라의 경제가 어려워지고, 세대 간에 갈등도 생긴다고 하였습니다.

5  (1) ◯  (3) ◯

**도움말** (2) 우리나라의 인구수가 언제부터 감소하고 있는지는 글에 나와 있지 않습니다.

## Day 15    62~63쪽

### 중심 문장 쓰기
1문단 – 현악기, 타악기
2문단 – 관악기
3문단 – 줄
4문단 – 채로 쳐서

1  종류

2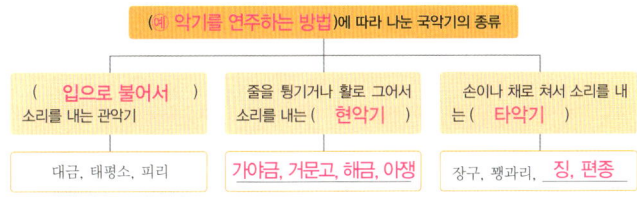

3
> 악기를 연주하는 방법에 따라 나눈 국악기의 종류에는 ㉠ 입으로 불어서 소리를 내는 관악기, 줄을 퉁기거나 활로 그어서 소리를 내는 현악기              . 손이나 채로 쳐서 소리를 내는 타악기가 있습니다.

**도움말** 빈칸에는 관악기와 현악기를 어떻게 연주하는지에 대한 내용을 쉼표( , )로 연결해서 써야 합니다.

4  편종

**도움말** 나무틀에 16개의 쇠종이 매달려 있고, 쇠뿔로 만든 망치로 두드려서 소리를 내는 악기는 타악기에 해당하는 '편종'입니다.

5  ㉡

**도움말** ㉮ 거문고의 줄은 6개이고, 가야금의 줄은 12개입니다.
㉯ 대금은 가로로 부는 관악기이고, 태평소와 피리는 세로로 부는 관악기입니다.

## Day 16　64~65쪽

**중심 문장 쓰기**

1문단 - 사이버 폭력
2문단 - 온라인 안전 교육
3문단 - 법과 정책
4문단 - 사이버 공간

1　㉮ 사이버 폭력

2
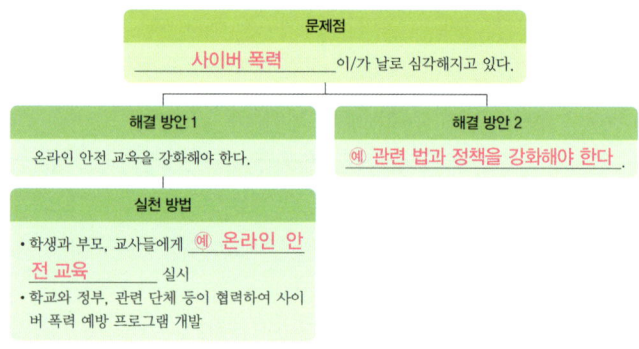

3
> 사이버 폭력이 날로 심해지고 있다. 사이버 폭력을 해결하려면 ㉮ 온라인 안전 교육, 관련 법과 정책 을/를 강화해야 한다.

**도움말** 두 번째 문장은 사이버 폭력을 해결할 수 있는 두 가지 방법을 요약한 것입니다. 사이버 폭력을 해결하기 위해서 무엇과 무엇을 강화해야 한다고 하였는지 글에서 찾아 씁니다.

4　④
**도움말** 글쓴이의 주장은 사이버 폭력이 일어나지 않도록 노력하자는 것입니다.

5　③
**도움말** 3문단에서 미국, 호주와 같은 나라에서는 사이버 폭력에 대한 법률을 강화하는 추세라고 하였습니다. 하지만 이 내용을 통해 사이버 폭력이 감소하고 있는지는 알 수가 없습니다.

## Day 17　66~67쪽

**중심 문장 쓰기**

1문단 - 저울의 발전 과정
2문단 - 고대 이집트
3문단 - ㉮ 용수철저울
4문단 - 20세기

**도움말** 3문단의 중심 문장인 첫 번째 문장을 정리할 때 '용수철을 이용한'은 용수철저울이 어떤 저울인지를 설명해 주는 말로 중요하지 않기 때문에 삭제할 수 있습니다.

1　발전 과정

2
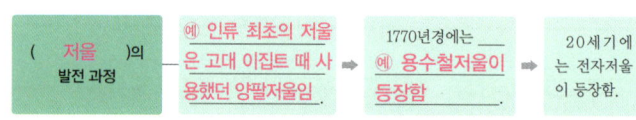

3
> 인류 최초의 저울은 고대 이집트 때 사용했던 양팔저울입니다. ㉮ 1770년경에는 용수철저울이, 20세기에는 전자저울 이/가 등장하였습니다.

**도움말** 두 번째 문장은 3문단과 4문단의 중심 문장을 요약한 것입니다. 3문단과 4문단의 중심 문장에서 반복되는 말을 삭제하면서 요약합니다.

4　①
**도움말** 과학 연구에 필수적으로 활용되고 있는 것은 용수철저울이 아니라 전자저울입니다.

5　용수철저울
**도움말** 용수철저울은 영국에서 처음 사용하였으며 사용하기에는 편리하지만 정확하지 않고, 너무 무겁거나 가벼운 물체의 무게는 잴 수가 없습니다.

## Day 18    68~69쪽

**중심 문장 쓰기**
1문단 – 판화
2문단 – 볼록 판화
3문단 – 오목 판화
4문단 – 평평한 판
5문단 – 구멍

**1** 판화

**2**

**3**

> 판화는 나무, 금속, 돌로 된 판에 그림을 새기고 색을 칠한 뒤에 종이나 천을 대고 찍어 낸 그림을 말한다. __판화의 종류__ 에는 판의 볼록한 부분에 잉크를 묻혀서 찍어 내는 볼록 판화, __예 판의 오목한 부분에 잉크를 묻혀서 찍어 내는 오목 판화__, 평평한 판에 그림을 그려 찍어 내는 평판화, __예 판에 구멍을 뚫고 구멍에 잉크를 통과시켜 찍어 내는 공판화__ 이/가 있다.

**도움말** 두 번째 문장은 판화의 종류를 한 문장으로 정리한 것입니다. 첫 번째 빈칸에는 '판화의 종류'를, 두 번째 빈칸에는 오목 판화에 대한 내용을, 세 번째 빈칸에는 공판화에 대한 내용을 써야 합니다.

**4** (1) 볼록 판화  (2) 오목 판화  (3) 평판화  (4) 공판화
**도움말** 색의 대비가 선명한 것은 볼록 판화, 가늘고 섬세한 선을 표현할 수 있는 것은 오목 판화, 직접 그림을 그린 것 같은 효과가 있는 것은 평판화, 판과 찍힌 그림의 좌우가 바뀌지 않는 것은 공판화의 특징입니다. 2~5문단에서 네 가지 판화에 대해 설명하고 있습니다.

## Day 19    70~71쪽

**중심 문장 쓰기**
1문단 – 예 따뜻한 공기
2문단 – 예 여름에서 가을
3문단 – 예 육지, 바다
4문단 – 지속 시간이 짧지만

**도움말** 1문단의 중심 문장인 마지막 문장을 정리할 때 '아래쪽에 있던'은 따뜻한 공기가 상승한다는 내용을 좀 더 자세히 설명하기 위해 쓴 것으로, 중요하지 않기 때문에 삭제할 수 있습니다. 2문단과 3문단의 중심 문장인 첫 번째 문장에 '주로'라는 표현이 반복되어 나옵니다. 중심 문장을 정리할 때 반복되는 표현은 삭제할 수 있습니다.

**1** 예 토네이도와 태풍

**2**

| | 토네이도 | ( 태풍 ) |
|---|---|---|
| 같은 점 | • 무서운 자연재해임.<br>• 따뜻한 공기가 상승하며 발생함. | |
| 다른 점 | • 주로 봄에서 초여름 사이에 발생함.<br>• 주로 육지에서 발생함.<br>• 예 크기가 작고 지속 시간이 짧음 | • 주로 여름에서 가을 사이에 발생함.<br>• 예 주로 바다에서 발생함<br>• 크기가 크고 지속 시간이 깊. |

**3**

> 토네이도와 태풍은 무서운 자연재해로, __예 따뜻한 공기가 상승하며 발생한다는__ 점이 같다. 그러나 토네이도는 주로 봄에서 초여름 사이에 육지에서 발생하며 크기가 작고 지속 시간이 짧지만, 태풍은 __예 주로 여름에서 가을 사이에 바다에서 발생하며__ 크기가 크고 지속 시간이 길다는 점이 다르다.

**4** ①
**도움말** 3문단에서 토네이도는 대부분 미국 중부나 호주 등 넓은 평지에서 발생한다고 하였습니다.

**5** 선정
**도움말** 글의 내용에 맞게 자신의 생각을 바르게 말한 친구는 선정입니다. 4문단에서 토네이도는 반경이 수백 미터 정도이고 몇 시간 내에 소멸되지만, 태풍은 반경이 수백 킬로미터이고, 며칠 또는 몇 주간 지속되다가 소멸된다고 하였습니다. 이것으로 보아, 태풍이 토네이도보다 오랫동안 넓은 지역에 걸쳐 피해를 준다는 것을 짐작할 수 있습니다.

## Day 20    72~73쪽

**중심 문장 쓰기**
2문단 – 현지의 문화를 존중하며
3문단 – 예 여행 과정에서 발생하는 문제
4문단 – 여행자

**도움말** 3문단의 중심 문장인 첫 번째 문장을 정리할 때 '환경 오염이나 문화유산 훼손처럼'은 여행 과정에서 발생하는 문제의 예에 해당하므로 삭제할 수 있습니다.

1  공정 여행

2
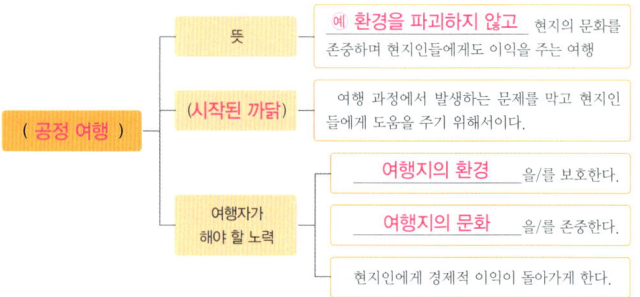

3

공정 여행 (이)란 환경을 파괴하지 않고 현지의 문화를 존중하며 현지인들에게도 이익을 주는 여행을 말한다. 공정 여행이 시작된 까닭은 예 여행 과정에서 발생하는 문제를 막고 현지인들에게 도움을 주기 위해서이다. 공정 여행을 위해서 여행자는 여행지의 환경을 보호하기, 예 여행지의 문화를 존중하기, 현지인에게 경제적 이익이 돌아가게 하기 과/와 같은 노력을 해야 한다.

**도움말** 세 번째 빈칸에는 공정 여행을 위해서 여행자가 해야 할 노력 세 가지 중 두 번째와 세 번째가 들어가야 합니다. 앞부분에 나온 '여행지의 환경을 보호하기'처럼 답을 '-기'로 끝맺을 수 있도록 합니다.

4  예건

**도움말** 공정 여행은 비행기 대신 버스나 도보를 이용하는 것을 권장합니다. 따라서 버스 대신 비행기를 타고 여행을 한 시윤이는 공정 여행을 한 친구가 아닙니다. 또한 공정 여행을 위해서 여행자는 멸종 위기에 놓인 동식물로 만든 기념품을 사지 않아야 한다고 했습니다. 따라서 멸종 위기에 놓인 코끼리의 상아로 만든 물건을 산 수현이도 공정 여행을 한 친구가 아닙니다.

## Day 21    74~75쪽

**중심 문장 쓰기**
1문단 – 증발과 끓음
2문단 – 증발과 끓음은 액체가 기체로 상태가 변한다는 점이 같다
3문단 – 액체의 표면
4문단 – 끓음이 일어날 때

**도움말** 2문단의 마지막 문장이 중심 문장입니다.

1  예 증발과 끓음

2
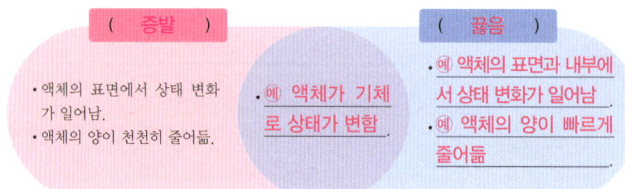

3

증발과 끓음은 액체가 기체로 상태가 변한다는 점이 같다. 예 그러나 증발은 액체의 표면에서 상태 변화가 일어나고 액체의 양이 천천히 줄어들지만 , 끓음은 액체의 표면과 내부에서 상태 변화가 일어나고 액체의 양이 빠르게 줄어든다는 점이 다르다.

**도움말** 빈칸에는 증발이 끓음과 어떤 점에서 다른지 간단하게 요약한 내용이 들어가야 합니다. 이때 앞문장과 자연스럽게 이어지도록 '그러나'와 같은 이어 주는 말을 사용하는 것이 좋습니다. 또한 '-고'와 같은 이어 주는 말을 사용하여 증발에 대한 주요 내용 두 가지가 자연스럽게 연결되도록 합니다.

4  ①

**도움말** 3문단의 첫 번째 문장에서 증발은 액체의 표면에서 상태 변화가 일어난다고 하였습니다.

5  ⑴ 증발  ⑵ 끓음

**도움말** 젖은 옷이 햇볕에 마르는 것은 '증발'의 예이고, 국을 가열하여 국물에 공기 방울이 생기는 것은 '끓음'의 예입니다.

## Day 22　76~77쪽

### 중심 문장 쓰기
1 문단 – 역사적 인물들
2 문단 – 신사임당
3 문단 – 예 만 원권에는 세종 대왕이 그려져 있다
4 문단 – 율곡 이이
5 문단 – 이순신
6 문단 – 위대한 업적

**도움말** 3 문단의 중심 문장인 첫 번째 문장을 정리할 때 '조선의 네 번째 왕인'은 세종 대왕을 꾸며 주는 말로 중요하지 않기 때문에 삭제할 수 있습니다.

**1** 우리나라 화폐

**2**

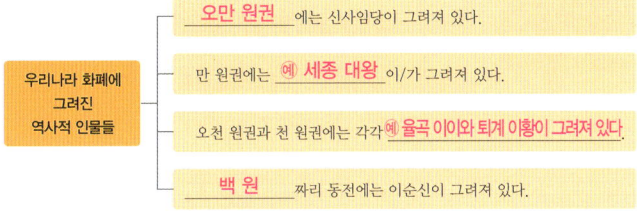

**3**

우리나라 화폐에는 역사적 인물들이 그려져 있다. 오만 원권에는 신사임당이, 예 만 원권에는 세종 대왕이, 오천 원권과 천 원권에는 각각 율곡 이이와 퇴계 이황이. 백 원짜리 동전에는 이순신이 그려져 있다.

**도움말** 빈칸에는 만 원권과 오천 원권, 천 원권에 그려진 역사적 인물들이 누구인지 쉼표를 넣어 간단히 씁니다.

**4** ④

**도움말** 이 글의 내용이 잘 드러나는 제목은 ④입니다.

**5** ③

**도움말** 위기에 처한 나라를 구한 인물은 백 원짜리 동전에 그려져 있는 이순신입니다.

## Day 23　78~79쪽

### 중심 문장 쓰기
1 문단 – 개인, 기업, 정부
2 문단 – 환경 호르몬에 노출되는 것을 최소화해야 한다
3 문단 – 정부와 기업에서는 환경 호르몬을 줄이는 일에 적극 나서야 한다
4 문단 – 환경 호르몬을 줄이는 일

**도움말** 3 문단의 첫 번째 문장이 중심 문장입니다.

**1** 환경 호르몬

**2**

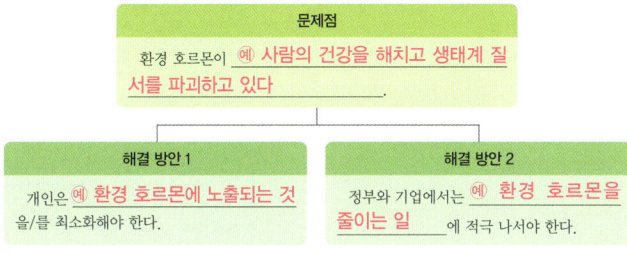

**3**

환경 호르몬 이/가 사람의 건강을 해치고 생태계 질서를 파괴하고 있다. 환경 호르몬 문제를 해결하려면 예 개인은 환경 호르몬에 노출되는 것을 최소화해야 하고, 정부와 기업에서는 환경 호르몬을 줄이는 일에 적극 나서야 한다.

**도움말** 첫 번째 문장은 문제점을 쓴 문장이고, 두 번째 문장은 해결 방안을 쓴 문장입니다. 특히 두 번째 빈칸 끝에 쉼표가 나온 것으로 보아 문장이 끝나지 않았음을 알 수 있습니다. 따라서 두 번째 빈칸에는 〈문제 2번〉에서 정리한 내용 중 해결 방안 1의 내용을 쓰되, '-고'와 같은 이어 주는 말을 사용하여 뒤에 나오는 내용과 자연스럽게 연결되도록 합니다.

**4** ①, ③

**도움말** ②는 환경 호르몬을 줄이는 행동이 아니며, ④는 환경 호르몬을 줄이기 위해 정부에서 할 일입니다.

**5** ④

**도움말** 사람의 건강을 해치고 생태계 질서도 파괴하고 있는 환경 호르몬을 줄이기 위해서 노력하자는 글쓴이의 생각과 비슷한 친구는 혜윤이입니다.

## Day 24 (80~81쪽)

**중심 문장 쓰기**

1문단 - 화석
2문단 - 호수나 바다의 바닥
3문단 - 예) 죽은 생물 위로 퇴적물이 빠르게 쌓입니다
4문단 - 오랫동안 지층 속에 묻힌 생물
5문단 - 화석이 드러납니다

**도움말** 3문단의 중심 문장인 첫 번째 문장을 정리할 때 '흙이나 모래, 돌 등과 같은'은 퇴적물의 예에 해당하므로 삭제할 수 있습니다.

**1** 예) 만들어지고 발견되는

**2**
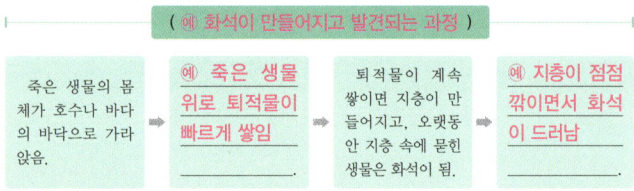

**3**
화석이 만들어지고 발견되는 과정은 다음과 같습니다. 예) 죽은 생물의 몸체가 호수나 바다의 바닥으로 가라앉은 다음 죽은 생물 위로 퇴적물이 빠르게 쌓입니다. 퇴적물이 계속 쌓이면 지층이 만들어지고, 오랫동안 지층 속에 묻힌 생물은 화석이 됩니다. 마지막으로 예) 지층이 점점 깎이면서 화석이 드러납니다.

**4** ④
**도움말** ④의 내용은 5문단에 나와 있습니다. 물속에 있던 지층이 땅 위로 솟아오르는 까닭은 지구에 있는 땅이 끊임없이 움직이기 때문입니다.

**5** 보라
**도움말** 1문단에서 옛날에 살았던 식물도 화석으로 발견되고 있다고 한 것으로 보아, 재형이는 글의 내용을 잘못 이해한 것입니다. 또한 4문단에서 죽은 생물 위로 퇴적물이 계속 쌓이면 지층이 만들어지고, 오랫동안 지층 속에 묻힌 생물은 화석이 된다고 하였으므로, 석훈이도 글의 내용을 잘못 이해하였습니다.

## Day 25 (82~83쪽)

**중심 문장 쓰기**

1문단 - 백색 소음
2문단 - 첫째, 백색 소음을 들으면 집중력이 향상됩니다
3문단 - 마음이 안정됩니다
4문단 - 예) 개인 정보의 유출

**도움말** 2문단의 중심 문장은 첫 번째 문장입니다. 4문단의 중심 문장도 첫 번째 문장입니다. 4문단의 '주민 등록 번호나 계좌 번호와 같은'은 개인 정보의 예에 해당하므로 삭제할 수 있습니다.

**1** 예) 우리에게 주는 도움

**2**
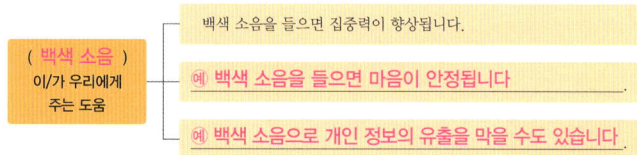

**3**
백색 소음은 우리에게 다음과 같은 도움을 줍니다. 예) 백색 소음을 들으면 집중력이 향상되고, 마음이 안정됩니다. 그리고 백색 소음으로 개인 정보의 유출을 막을 수도 있습니다.

**도움말** 글에 설명된 백색 소음이 우리에게 주는 세 가지 도움 중에서 첫 번째 도움과 두 번째 도움을 한 문장으로 정리하여 씁니다. 이때 '백색 소음을 들으면'은 반복되어 나오므로 한 번만 씁니다.

**4** ②, ④
**도움말** ①과 ③은 백색 소음이 아닌 소음에 대한 설명으로 알맞습니다.

**5** ③
**도움말** 아기가 백색 소음을 듣고 안정감을 느껴 울음을 멈추었다는 내용은 백색 소음을 들으면 마음이 안정된다는 3문단에 덧붙이기에 알맞습니다.

## Day 26  84~85쪽

**중심 문장 쓰기**

1문단 – 청소년의 화장
2문단 – 피부 건강
3문단 – 잘못된 가치관을 가질 수 있기 때문이다
4문단 – 셋째, 학업을 소홀히 할 수 있기 때문이다
5문단 – 청소년이 화장을 하는 것

도움말 4문단의 첫 번째 문장이 중심 문장입니다.

1  예 청소년이 화장을 하는 문제

2
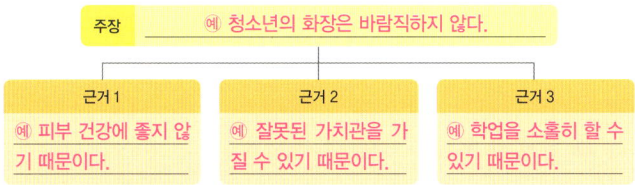

3
예 청소년의 화장은 바람직하지 않다. 그 까닭은 피부 건강에 좋지 않고, 잘못된 가치관을 가질 수 있으며, 학업을 소홀히 할 수 있기 때문이다.

도움말 글쓴이의 주장과 근거를 각각 한 문장으로 정리하여 씁니다. 근거를 한 문장으로 정리할 때에는 '-고'나 '-며'와 같은 이어 주는 말을 넣어 나열하고, '~ 때문이다'와 같은 말로 문장을 끝맺습니다.

4  ④
도움말 글쓴이의 주장이 잘 드러난 제목은 ④입니다.

5  ④
도움말 ①, ②, ③은 청소년의 화장을 찬성하는 주장을 뒷받침하기에 알맞습니다.

## Day 27  86~87쪽

**중심 문장 쓰기**

1문단 – 식물의 특징
2문단 – 바하이 사원은 연꽃의 생김새를 본떠서 지은 건축물이다
3문단 – 헬리콥터 날개는 단풍나무 열매가 떨어지는 모습을 모방하여 만든 물건이다
4문단 – 예 친환경 기름 뜰채는 네펜테스의 특징을 모방하여 만든 물건이다

도움말 2~4문단의 첫 번째 문장이 중심 문장입니다. 4문단의 '바다에 유출된 기름을 건져 내는'은 '친환경 기름 뜰채'를 꾸며 주는 말로 삭제할 수 있습니다.

1  예 식물의 특징을 모방하여 만든 사례

2
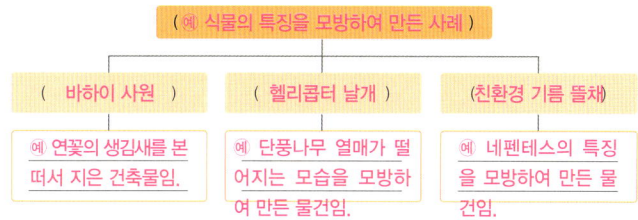

3
예 우리 주변에는 식물을 모방하여 만든 것이 많다. 식물의 특징을 모방하여 만든 사례에는 연꽃의 생김새를 본떠서 지은 건축물인 바하이 사원, 단풍나무 열매가 떨어지는 모습을 모방하여 만든 물건인 헬리콥터 날개, 네펜테스의 특징을 모방하여 만든 물건인 친환경 기름 뜰채가 있다.

도움말 〈문제 2번〉에서 정리한 내용을 연결하여 씁니다.

4  ③
도움말 ③의 내용은 2문단을 통해 알 수 있습니다.

5  ③, ④
도움말 ①은 인삼의 쓰임새를 설명한 문장으로 식물의 특징을 모방하여 만든 사례에 해당하지 않고, ②는 동물의 특징을 모방하여 만든 사례에 해당합니다.

## Day 28

**중심 문장 쓰기**

1문단 – ㉠ 문화유산이 여러 가지 이유로 훼손되고 있습니다
2문단 – 사람들의 관심과 이해
3문단 – 두 번째 방법은 문화유산을 잘 관리하고 보존하기 위해 노력하는 것입니다
4문단 – 우리의 문화유산이 훼손되지 않도록 노력해야 합니다

**도움말** 1문단의 중심 문장은 두 번째 문장입니다. '자연재해나 사람들의 잘못된 행동, 관리 소홀 등'은 문화유산이 훼손되는 이유의 예에 해당하므로 삭제할 수 있습니다. 3문단은 첫 번째 문장, 4문단은 마지막 문장이 중심 문장입니다.

1  ㉠ 문화유산 훼손 문제를 해결하는 방법

2

```
문제점
㉠ 문화유산이 여러 가지 이유로 훼손되고 있습니다.

해결 방안 1                  해결 방안 2
㉠ 문화유산에 대한 사람들의     ㉠ 문화유산을 잘 관리하고 보존하기
  관심과 이해를 높여야 합니다.   위해 노력해야 합니다.
```

3

㉠ 문화유산이 여러 가지 이유로 훼손되고 있습니다. 이 문제를 해결하기 위해서는 문화유산에 대한 사람들의 관심과 이해를 높이고, 문화유산을 잘 관리하고 보존하기 위해 노력해야 합니다.

**도움말** 문제점과 해결 방안을 두 문장으로 나누어 쓰는 것이 좋습니다. 특히 쉼표( , )를 사용하여 글에 제시된 해결 방안 두 가지를 차례대로 연결하여 씁니다.

4  ②
**도움말** 이 글에 문화유산의 종류에 대한 내용은 나와 있지 않습니다.

5  ③

## Day 29

**중심 문장 쓰기**

1문단 – 발효와 부패
2문단 – ㉠ 발효와 부패는 미생물에 의해 분해가 일어나는 과정이다
3문단 – 이로운 물질, 해로운 물질
4문단 – ㉠ 발효는 특정 조건이 맞았을 때에만 생기지만, 부패는 조건 없이 자연적으로 생긴다

**도움말** 2문단의 중심 문장인 첫 번째 문장을 정리할 때 '둘 다'라는 표현은 중요하지 않으므로 삭제할 수 있습니다. 4문단의 중심 문장인 첫 번째 문장을 정리할 때 '시간이나 온도, 습도 등의'는 특정 조건의 예에 해당하는 내용으로 삭제할 수 있습니다.

1  ㉠ 발효와 부패의 공통점과 차이점

2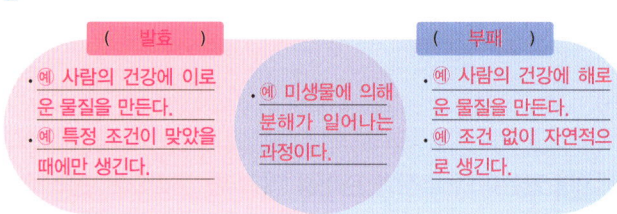

3

㉠ 발효와 부패는 미생물에 의해 분해가 일어나는 과정이라는 공통점이 있다. 그러나 발효는 사람의 건강에 이로운 물질을 만들고 특정 조건이 맞았을 때에만 생기지만, 부패는 사람의 건강에 해로운 물질을 만들고 조건 없이 자연적으로 생긴다는 차이점이 있다.

**도움말** 발효와 부패의 공통점과 차이점을 각각 한 문장으로 쓰는 것이 좋습니다. 두 문장 사이에는 '그러나'와 같은 이어 주는 말을 넣습니다. 차이점은 '-고'나 '-지만'과 같은 이어 주는 말을 사용해 한 문장으로 정리해 봅니다.

4  ②
5  ②, ③
**도움말** ②와 ③의 내용은 3문단에 있습니다.

## Day 30

92~93쪽

**중심 문장 쓰기**

**1문단** – 콩으로 만든 대표적인 가공품
**2문단** – 불린 콩을 갈아 물과 섞은 뒤 끓인다
**3문단** – 다음으로 끓인 콩물을 걸러 낸다
**4문단** – 그다음에는 걸러 낸 콩물에 간수를 넣고 약한 불로 끓인다
**5문단** – 예 마지막으로 헝겊을 깐 틀에 덩어리가 된 콩물을 붓고 무거운 것으로 누른다

**도움말** 3~5문단의 첫 번째 문장이 중심 문장입니다. 5문단의 '돌과 같은'은 무거운 것의 예에 해당하는 내용으로 삭제할 수 있습니다.

**1** 예 두부를 만드는 방법

**2**

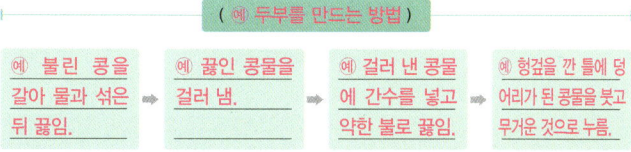

**3**

예 두부를 만들기 위해서는 먼저 불린 콩을 갈아 물과 섞은 뒤 끓인다. 다음으로 끓인 콩물을 걸러 낸 뒤 간수를 넣고 약한 불로 끓인다. 마지막으로 헝겊을 깐 틀에 덩어리가 된 콩물을 붓고 무거운 것으로 누른다.

**도움말** 〈문제 2번〉에서 정리한 내용을 차례대로 연결하여 두부를 만드는 방법이 잘 드러나게 씁니다. 이때 문장과 문장 사이에는 순서를 나타내는 말을 넣고, 중복되는 내용은 삭제할 수 있습니다.

**4** ①, ④

**도움말** ①의 내용은 4문단에, ④의 내용은 1문단에 나와 있습니다.

**5** ②

**지은이** 기적학습연구소

"혼자서 작은 산을 넘는 아이가 나중에 큰 산도 넘습니다"

본 연구소는 아이들이 혼자서 큰 산까지 넘을 수 있는 힘을 키워 주고자 합니다.
아이들의 연령에 맞게 학습의 산을 작게 만들어 혼자서도 쉽게 넘을 수 있게 만듭니다.
때로는 작은 고난도 경험하게 하여 성취감도 맛보게 합니다.
그리고 아이들에게 실제로 적용해서 검증을 통해 차근차근 책을 만듭니다.

-국어 분과 대표 저작물 : <기적의 독해력> <요약독해의 힘> 외 다수
-영어 분과 대표 저작물 : <기적의 파닉스>, <기적의 영어리딩> 외 다수
-수학 분과 대표 저작물 : <기적의 계산법>, <기적특강> 외 다수

## 요약독해의 힘 2권

**초판 발행** 2024년 11월 18일
**초판 4쇄 발행** 2025년 11월 28일

**지은이** 기적학습연구소
**발행인** 이종원
**발행처** (주)길벗스쿨
**출판사 등록일** 2025년 5월 28일
**주소** 서울시 마포구 월드컵로 10길 56(서교동 467-9)
**대표 전화** 02)332-0931　　　　**팩스** 02)323-0586
**홈페이지** www.gilbutschool.co.kr　　**이메일** gilbut@gilbut.co.kr

**기획** 이경은(hey2892@gilbut.co.kr)　**편집 진행** 박은숙, 유명희, 이재숙, 유지선
**제작** 이준호, 손일순　　　　　　　　**영업마케팅** 문세연, 박선경, 구혜지, 박다슬　　**웹마케팅** 박달님, 이재윤, 이지수, 나혜연
**영업관리** 김명자, 정경화　　　　　　**독자지원** 윤정아

**표지 디자인** 더다츠　　　　　　　　**전산 편집** 린 기획
**인쇄** 교보피앤비　　　　　　　　　　**제본** 경문제책

▶ 이 책은 저작권법의 보호를 받는 저작물로 이 책에 실린 모든 내용, 디자인, 이미지, 편집 구성은
　허락 없이 복제하거나 다른 매체에 옮겨 실을 수 없습니다.
▶ 인공지능(AI) 기술 또는 시스템을 훈련하기 위해 이 책의 전체 내용은 물론 일부 문장도 사용하는 것을 금지합니다.
▶ 잘못 만든 책은 구입한 서점에서 바꿔 드립니다.

ISBN 979-11-6406-798-5(길벗스쿨 도서번호 10988)
정가 12,000원

독자의 1초를 아껴주는 정성 **길벗출판사**

**(주)길벗스쿨** 국어학습서, 수학학습서, 영어학습서, 유아동 단행본
**(주)도서출판 길벗** IT단행본, 성인어학, 교과서, 수험서, 경제경영, 교양, 자녀교육, 취미실용